Edition Akzente
Herausgegeben von
Michael Krüger

Yves Bonnefoy
Beschriebener Stein
und andere Gedichte

Zweisprachige Ausgabe
Deutsch von Friedhelm Kemp

[illegible]
Friedhelm
Kemp
Munich,
05.12.07

Carl Hanser Verlag

Die französischen Originalausgaben *Du mouvement et de l'immobilité de Douve, Hier régnant désert* und *Pierre écrite* erschienen erstmals 1953, 1958 und 1965 bei Mercure de France in Paris.

Wir danken der Kulturabteilung
der Französischen Botschaft
für die Förderung der Übersetzung.

1 2 3 4 5 08 07 06 05 04

ISBN 3-446-20476-8

Umschlag nach einem Reihenentwurf von Klaus Detjen
unter Verwendung einer Fotografie von
Peter-Andreas Hassiepen
Satz: Filmsatz Schröter GmbH, München
Druck und Bindung: Friedrich Pustet, Regensburg
Printed in Germany

Beschriebener Stein und andere Gedichte

Du mouvement et de l'immobilité de Douve

Mais la vie de l'esprit ne s'effraie point devant la mort et n'est pas celle qui s'en garde pure. Elle est la vie qui la supporte et se maintient en elle.

Hegel

Douve in Bewegung und regungslos

Aber nicht das Leben, das sich vor dem Tode scheut und von der Verwüstung rein bewahrt, sondern das ihn erträgt und in ihm sich erhält, ist das Leben des Geistes.

Hegel

Théâtre

I

Je te voyais courir sur des terrasses,
Je te voyais lutter contre le vent,
Le froid saignait sur tes lèvres.

Et je t'ai vue te rompre et jouir d'être morte ô plus belle
Que la foudre, quand elle tache les vitres blanches de
ton sang.

II

L'été vieillissant te gerçait d'un plaisir monotone, nous méprisions l'ivresse imparfaite de vivre.

»Plutôt le lierre, disais-tu, l'attachement du lierre aux pierres de sa nuit: présence sans issue, visage sans racine.

Dernière vitre heureuse que l'ongle solaire déchire, plutôt dans la montagne ce village où mourir.

Plutôt ce vent …«

Theater

I

Ich sah dich laufen auf Terrassen,
ich sah dich kämpfen gegen den Wind,
Frost blutete auf deinen Lippen.

Und ich sah dich zerbrechen: Todsein war dir Lust, o du
noch schöner als der Blitz, wenn er mit deinem Blut das
weiße Fenster rötet.

II

Alternd der Sommer, eintönig die Lust, deine Haut wurde rissig davon; verächtlich war uns die unvollkommene Trunkenheit des Lebens.

»Lieber den Efeu«, sagtest du, »den Efeu, der um die Steine seiner Nacht sich klammert; ausweglos vorhanden, ein wurzelloses Angesicht.

Letztes glückliches Fenster, das der Sonnen-Nagel ritzt, lieber in den Bergen dieses Dorf, dort zu sterben.

Lieber den Wind …«

III

Il s'agissait d'un vent plus fort que nos mémoires,
Stupeur des robes et cri des rocs – et tu passais devant ces
flammes
La tête quadrillée les mains fendues et toute
En quête de la mort sur les tambours exultants de tes
gestes.

C'était jour de tes seins
Et tu régnais enfin absente de ma tête.

IV

Je me réveille, il pleut. Le vent te pénètre, Douve, lande résineuse endormie près de moi. Je suis sur une terrasse, dans un trou de la mort. De grands chiens de feuillages tremblent.

Le bras que tu soulèves, soudain, sur une porte, m'illumine à travers les âges. Village de braise, à chaque instant je te vois naître, Douve,

A chaque instant mourir.

III

Dies aber war ein Wind, dem unser Erinnern nicht standhielt,
Fels-Schrei, Entsetzen der Gewänder – und du stobest vor-
über vor diesen Flammen,
zerwürfeltes Haupt, die Hände geborsten und ganz
nur Suche nach dem Tod auf den jubelnden Trommeln deiner
Gebärden.

Tag waren deine Brüste
und du herrschtest endlich außer meinem Kopf.

IV

Ich erwache, es regnet. Wind wühlt sich in dich ein, Douve, harzige Heide, die neben mir schläft. Ich bin auf einer Terrasse, in einem Loch des Todes. Große Hunde aus Laubwerk erzittern.

Der Arm, den du, plötzlich, über einer Türe erhebst, leuchtet mir durch die Zeiten. Ein Dorf in Flammen seh ich dich, Douve, jeden Augenblick geboren werden,

Jeden Augenblick sterben.

V

Le bras que l'on soulève et le bras que l'on tourne
Ne sont d'un même instant que pour nos lourdes têtes,
Mais rejetés ces draps de verdure et de boue
Il ne reste qu'un feu du royaume de mort.

La jambe démeublée où le grand vent pénètre
Poussant devant lui des têtes de pluie
Ne vous éclairera qu'au seuil de ce royaume,
Gestes de Douve, gestes déjà plus lents, gestes noirs.

VI

Quelle pâleur te frappe, rivière souterraine, quelle artère en toi se rompt, où l'écho retentit de ta chute?

Ce bras que tu soulèves soudain s'ouvre, s'enflamme. Ton visage recule. Quelle brume croissante m'arrache ton regard? Lente falaise d'ombre, frontière de la mort.

Des bras muets t'accueillent, arbres d'une autre rive.

V

Der Arm, den man hebt, der Arm, den man wendet,
nur unsern schweren Köpfen sind sie eines gleichen
Augenblicks,
aber abgeworfen diese Laken Grün und Schmutz
bleibt nur ein Feuer aus dem Reich des Todes.

Ausgeräumt das Bein, wo der Sturm hereinschlägt
und Regenköpfe vor sich herjagt,
wird euch nur auf der Schwelle dieses Reiches erhellen,
Douves Gebärden, langsamere schon, und schwarze.

VI

Welche Bleichheit plötzlich überfällt dich, Fluß unter der Erde, welche Ader in dir reißt, wo lange das Echo deines Sturzes nachhallt?

Dieser Arm, den du plötzlich reckst, öffnet sich, lodert. Dein Gesicht weicht zurück. Welcher wachsende Nebel raubt mir deinen Blick? Langsame Schattenklippe, Grenze des Todes.

Stumme Arme empfangen dich, Bäume eines anderen Ufers.

VII

Blessée confuse dans les feuilles,
Mais prise par le sang de pistes qui se perdent,
Complice encor du vivre.

Je t'ai vue ensablée au terme de ta lutte,
Hésiter aux confins du silence et de l'eau,
Et la bouche souillée des dernières étoiles
Rompre d'un cri l'horreur de veiller dans ta nuit.

O dressant dans l'air dur soudain comme une roche
Un beau geste de houille.

VIII

La musique saugrenue commence dans les mains, dans les genoux, puis c'est la tête qui craque, la musique s'affirme sous les lèvres, sa certitude pénètre le versant souterrain du visage.

A présent se disloquent les menuiseries faciales. A présent l'on procède à l'arrachement de la vue.

VII

Verletzte, ins Laubwerk Verstrickte,
doch gefangen von dem Blut der Pfade, die sich verlieren,
Einverständige noch zu leben.

Sandverkrustet sah ich dich, als der Kampf vorüber war,
wie du zaudertest an der Grenze des Schweigens, des Wassers,
und den Mund besudelt von letzten Sternen,
sprengtest mit einem Schrei du das Entsetzen, wach zu
sein in deiner Nacht.

O reckend plötzlich wie Gefels in harte Luft
ein schönes Winken, braun verkohlt.

VIII

Klänge, verwunderliche, erwachen in den Händen, in den Knien, dann birst der Kopf, die Klänge behaupten unter den Lippen sich, Gewißheit dringt, wo die Kehle abfällt, ein.

Jetzt lockern sich die Fugen des Gesichts. Jetzt macht man sich daran, die Sehkraft auszumerzen.

IX

Blanche sous un plafond d'insectes, mal éclairée, de
profil
Et ta robe tachée du venin des lampes,
Je te découvre étendue,
Ta bouche plus haute qu'un fleuve se brisant au loin sur
la terre.

Être défait que l'être invincible rassemble,
Présence ressaisie dans la torche du froid,
O guetteuse toujours je te découvre morte,
Douve disant Phénix je veille dans ce froid.

X

Je vois Douve étendue. Au plus haut de l'espace charnel je l'entends bruire. Les princes-noirs hâtent leurs mandibules à travers cet espace où les mains de Douve se développent, os défaits de leur chair se muant en toile grise que l'araignée massive éclaire.

IX

Weiße unter einem Plafond von Fliegen, schlecht
Beleuchtete von der Seite
und dein Kleid befleckt vom Gift der Lampen,
seh ich dich hingestreckt,
höher dein Mund als fern ein Fluß, der an der Erde
aufschäumt.

Entgliederte, die unbesiegbar das Sein versammelt,
in der Fackel der Kälte Wiederergriffene, da!
o Spähende, immer entdecke ich als Gestorbene dich,
und, Douve, Phönix sagend, wache ich in dieser Kälte.

X

Douve, ich sehe sie, lang hingestreckt. Zuhöchst im Raum des Fleisches vernehme ich ein Geräusch. Die Schwarzen Fürsten durchstreifen eilig mit ihren Kieferzangen diesen Raum, wo Douves Hände sich entwickeln, entblößte Knochen, die in ein graues Gespinst sich verwandeln, das schweren Leibes die Spinne hell durcheilt.

XI

Couverte de l'humus silencieux du monde,
Parcourue des rayons d'une araignée vivante,
Déjà soumise au devenir du sable
Et tout écartelée secrète connaissance.

Parée pour une fête dans le vide
Et les dents découvertes comme pour l'amour,

Fontaine de ma mort présente insoutenable.

XII

Je vois Douve étendue. Dans la ville écarlate de l'air, où combattent les branches sur son visage, où des racines trouvent leur chemin dans son corps – elle rayonne une joie stridente d'insectes, une musique affreuse.

Au pas noir de la terre, Douve ravagée, exultante, rejoint la lampe noueuse des plateaux.

XI

Von dem schweigenden Humus der Welt bedeckt,
von den Strahlen einer lebendigen Spinne durchlaufen,
schon dem Werden des Sandes unterworfen
und ganz gevierteilt geheimes Wissen.

Aufgeschmückt für ein Fest im Leeren
und die Zähne entblößt wie für die Liebe,

Quell meines Todes, mir gegenwärtig, den ich nicht ertrage.

XII

Douve, ich sehe sie, lang hingestreckt. In der scharlachenen Stadt der Luft, wo die Zweige kämpfen miteinander über ihrem Gesicht, wo die Wurzeln den Weg durch ihren Körper finden – eine schrille Freude ausstrahlend von Insekten, eine gräßliche Musik.

Auf der schwarzen Schwelle der Erde gesellt sie sich, Douve, verwüstet, jubelnd der knotigen Lampe des Hochlands.

XIII

Ton visage ce soir éclairé par la terre,
Mais je vois tes yeux se corrompre
Et le mot visage n'a plus de sens.

La mer intérieure éclairée d'aigles tournants,
Ceci est une image.
Je te détiens froide à une profondeur où les images ne
prennent plus.

XIV

Je vois Douve étendue. Dans une pièce blanche, les yeux cernés de plâtre, bouche vertigineuse et les mains condamnées à l'herbe luxuriante qui l'envahit de toutes parts.

La porte s'ouvre. Un orchestre s'avance. Et des yeux à facettes, des thorax pelucheux, des têtes froides à becs, à mandibules, l'inondent.

XIII

Dein Gesicht heut abend von der Erde erhellt,
doch ich sehe deine Augen sich zersetzen,
und das Wort Gesicht hat keinen Sinn mehr.

Das innere Meer von kreisenden Adlern erhellt,
dies ist ein Bild.
Ich halte dich kalt in einer Tiefe, wo die Bilder nicht
mehr entbrennen.

XIV

Douve, ich sehe sie, lang hingestreckt. In einer weißen Kammer, Ringe von Gips um die Augen, schwindelnd der Mund und die Hände ins wuchernde Gras verdammt, das in sie eindringt überall.

Auf geht die Tür. Ein Orchester nähert sich. Und Netzaugen, Brust an Brust rauhpelzig, kalte Köpfe mit Schnäbeln, mit Kieferzangen, flutet es über sie hin.

XV

O douée d'un profil où s'acharne la terre,
Je te vois disparaître.

L'herbe nue sur tes lèvres et l'éclat du silex
Inventent ton dernier sourire,

Science profonde où se calcine
Le vieux bestiaire cérébral.

XVI

Demeure d'un feu sombre où convergent nos pentes! Sous ses voûtes je te vois luire, Douve immobile, prise dans le filet vertical de la mort.

Douve géniale, renversée: quand au pas des soleils dans l'espace funèbre, elle accède lentement aux étages inférieurs.

XVII

Le ravin pénètre dans la bouche maintenant,
Les cinq doigts se dispersent en hasards de forêt maintenant,
La tête première coule entre les herbes maintenant,
La gorge se farde de neige et de loups maintenant,
Les yeux ventent sur quels passagers de la mort et c'est
nous dans ce vent dans cette eau dans ce froid
maintenant.

XV

O ausgestattet du mit einem Profil, in das die Erde wütet,
ich sehe dich verschwinden.

Das nackte Gras auf deinen Lippen und gleißend der Flint
erfinden dir ein letztes Lächeln.

Tiefes Wissen, wo das alte
Hirngetier verkalkt.

XVI

Aufenthalt eines düsteren Feuers, dem unsere Hänge zustreben! In diesen Grotten dort seh ich dich, Douve, reglos leuchten, im senkrechten Netz des Todes gefangen.

Douve die Findige, rücklings kopfüber: wenn mit dem Schritt der Sonnen im Bereich des Todes sie langsam in den unteren Geschossen anlangt.

XVII

Die Schlucht dringt in den Mund jetzt,
die fünf Finger zerstreuen sich waldhin da und dort jetzt,
der Kopf als erstes fließt in die Gräser jetzt,
die Brust schminkt sich mit Schnee und Wölfen jetzt,
die Augen wehen über welchen auf ihren Ruderbänken Tod-
geweihten und wir sind es in diesem Wind in diesem
Wasser in dieser Kälte jetzt.

XVIII

Présence exacte qu'aucune flamme désormais ne saurait restreindre; convoyeuse du froid secret; vivante, de ce sang qui renaît et s'accroît où se déchire le poème,

Il fallait qu'ainsi tu parusses aux limites sourdes, et d'un site funèbre où la lumière empire, que tu subisses l'épreuve.

O plus belle et la mort infuse dans ton rire! J'ose à présent te rencontrer, je soutiens l'éclat de tes gestes.

XIX

Au premier jour du froid notre tête s'évade
Comme un prisonnier fuit dans l'ozone majeur,
Mais Douve d'un instant cette flèche retombe
Et brise sur le sol les palmes de sa tête.

Ainsi avions-nous cru réincarner nos gestes,
Mais la tête niée nous buvons une eau froide,
Et des liasses de mort pavoisent ton sourire,
Ouverture tentée dans l'épaisseur du monde.

XVIII

Da-Sein, genaues, das keine Flamme hinfort noch zu bändigen vermöchte; Genossin der geheimen Kälte; Lebendige, von diesem Blut, das wiederkehrt und aufquillt, wo das Gedicht sich zerreißt,

Dessen, ja, bedurfte es, daß du erschienest an den dumpfen Grenzen, und daß du die Prüfung beständest eines düsteren Geländes, wo dein Licht verfällt.

O schöner du hinfort und ganz von Tod durchtränkt dein Lachen! Jetzt dir zu begegnen, ich wage es; der Aufglanz, wenn du dich bewegst, ich halte ihm stand.

XIX

Freier reckt am ersten Tag der Kälte sich unser Kopf,
wie ein Gefangener entflohn mächtigere Lüfte atmet,
doch Douve eines Augenblicks fällt dieser Pfeil zu Boden,
wo das Gezweige seines Kopfes splittert.

So hatten wir geglaubt, sie eingefleischt zu wiederholen,
unsere Gebärden,
verneinten Hauptes aber trinken wir ein kaltes Wasser,
dein Lächeln flaggen ganze Bündel Todes,
das ein versuchter Spalt doch in der Verschlossenheit
der Welt war.

Derniers gestes

Aux arbres

Vous qui vous êtes effacés sur son passage,
Qui avez refermé sur elle vos chemins,
Impassibles garants que Douve même morte
Sera lumière encore n'étant rien.

Vous fibreuse matière et densité,
Arbres, proches de moi quand elle s'est jetée
Dans la barque des morts et la bouche serrée
Sur l'obole de faim, de froid et de silence.

J'entends à travers vous quel dialogue elle tente
Avec les chiens, avec l'informe nautonier,
Et je vous appartiens par son cheminement
A travers tant de nuit et malgré tout ce fleuve.

Le tonnerre profond qui roule sur vos branches,
Les fêtes qu'il enflamme au sommet de l'été
Signifient qu'elle lie sa fortune à la mienne
Dans la médiation de votre austérité.

Letzte Gebärden

An die Bäume

Ihr, die ihr, als sie vorüberging, euch zurücknahmt
und eure Wege dann wieder schlosset über ihr,
Bürgen, unbeirrbare, daß Douve selbst gestorben
Licht sein wird in ihrer Nichtigkeit.

Ihr faseriger Stoff und Dichte,
Bäume, mir nah, als sie sich in den Nachen
der Toten warf, verschloßnen Mundes
über dem Obolus des Hungers, der Kälte und des Schweigens.

Ich höre durch euch hindurch, wie sie zu reden
sich anschickt mit den Hunden, mit dem ungestalten
Fährmann,
und euch gehöre ich, wie sie da wandert
durch soviel Nacht und all dieses Flusses unerachtet.

Der tiefe Donner, der über eure Zweige rollt,
die Feste, die er auf dem Gipfel des Sommers entfacht,
bedeuten, daß sie ihr Schicksal dem meinen verbündet,
von eurer Strenge angeleitet.

Que saisir sinon qui s'échappe,
Que voir sinon qui s'obscurcit,
Que désirer sinon qui meurt,
Sinon qui parle et se déchire?

Parole proche de moi
Que chercher sinon ton silence,
Quelle lueur sinon profonde
Ta conscience ensevelie,

Parole jetée matérielle
Sur l'origine et la nuit?

Was ergreifen außer dem das sich entzieht,
was sehen außer dem das sich verdunkelt,
was begehren außer dem das dem Tod anheimfällt,
außer dem das sprechend sich zerreißt?

Du Wort mir nah,
was suchen außer deinem Schweigen,
und welch ein Leuchten außer tief vergraben
dein Bewußtsein,

Wort Steingehäuf
über dem Ursprung und der Nacht?

Le seul témoin

I

Ayant livré sa tête aux basses flammes
De la mer, ayant perdu ses mains
Dans son anxieuse profondeur, ayant jeté
Aux matières de l'eau sa chevelure;
Étant morte, puisque mourir est ce chemin
De verticalité sous la lumière,
Et ivre encore étant morte: ô je fus,
Ménade consumée, dure joie mais perfide,
Le seul témoin, la seule bête prise
Dans ces rets de ta mort que furent sables
Ou rochers ou chaleur, ton signe disais-tu.

II

Elle fuit vers les saules; le sourire
Des arbres l'enveloppe, simulant
La joie simple d'un jeu. Mais la lumière
Est sombre sur ses mains de suppliante,
Et le feu vient laver sa face, emplir sa bouche
Et rejeter son corps dans le gouffre des saules.

O t'abîmant du flanc de la table osirienne
Dans les eaux de la mort!
Une dernière fois de tes seins
Éclairant les convives.
Mais répandant le jour de ta tête glacée
Sur la stérilité des sites infernaux.

Der einzige Zeuge

I

Nachdem sie ihr Haupt den Flammen,
den niedrigen, des Meeres ausgeliefert,
ihre Hände in seiner Tiefe, der ängstlichen,
verloren, ihr Haar den Wassern hingeworfen hatte;
als sie nun tot war, denn Sterben ist dieser
senkrechte Weg im Licht, und trunken noch
von ihrem Tod war: o ich war
ganz verzehrte Mänade, harte doch arge Freude,
der einzige Zeuge, das einzige in diesen Netzen
deines Todes gefangne Tier – Netzen des Sandes
oder der Felsen, der Hitze, dein Zeichen, sagtest du.

II

Sie flieht den Weiden zu; das Lächeln
der Bäume hüllt sie ein, als wäre dies
die schlichte Freude eines Spieles. Düster aber
ist auf ihren Händen einer Bittflehenden das Licht,
das Feuer kommt, ihr das Gesicht zu waschen, ihren Mund
zu füllen, und ihren Leib zurückzuschleudern in den
          Abgrund der Weiden.

O niederfahrend von deinem Sitz an der Tafel des Osiris
zu den Gewässern des Todes!
Ein letztes Mal mit deinen Brüsten
die Gäste erhellend.
Doch deines vereisten Hauptes Glanz
ausgießend über die Ödnis der Unterwelt.

III

Le peu d'espace entre l'arbre et le seuil
Suffit pour que tu t'élances encore et que tu meures
Et que je croie revivre à la lumière
D'ombrages que tu fus.

Et que j'oublie
Ton visage criant sur chaque mur,
O Ménade peut-être réconciliée
Avec tant d'ombre heureuse sur la pierre.

IV

Es-tu vraiment morte ou joues-tu
Encore à simuler la pâleur et le sang,
O toi passionnément au sommeil qui te livres
Comme on ne sait que mourir?

Es-tu vraiment morte ou joues-tu
Encore en tout miroir
A perdre ton reflet, ta chaleur et ton sang
Dans l'obscurcissement d'un visage immobile?

III

Gering der Abstand zwischen Baum und Schwelle,
doch er genügt, daß du hinstürmst wieder und daß du stirbst,
und daß ich aufzuleben glaube im Licht
der Schatten, die du warst.

Und daß ich es vergesse,
dein Antlitz, das auf jeder Mauer schreit,
Mänade du, vielleicht versöhnte
mit soviel Schatten glücklich auf dem Stein.

IV

Bist du in Wahrheit tot oder spielst du
bald bleich bald rot mir einen Schein von Leben vor,
o leidenschaftlich in den Schlaf Versenkte,
der dich ausliefert, wie sonst nur Sterben uns hinnimmt?

Bist du in Wahrheit tot oder spielt du
noch in jedem Spiegel,
dort deinen Abglanz zu verlieren, deine Wärme und dein Blut
in der Verdunklung eines reglosen Gesichts?

V

Où maintenant est le cerf qui témoigna
Sous ces arbres de justice,
Qu'une route de sang par elle fut ouverte,
Un silence nouveau par elle inventé.

Portant sa robe comme lac de sable, comme froid,
Comme cerf pourchassé aux lisières,
Qu'elle mourut, portant sa robe la plus belle,
Et d'une terre vipérine revenue?

VI

Sur un fangeux hiver, Douve, j'étendais
Ta face lumineuse et basse de forêt.
Tout se défait, pensai-je, tout s'éloigne.

Je te revis violente et riant sans retour,
De tes cheveux au soir d'opulentes saisons
Dissimuler l'éclat d'un visage livide.

Je te revis furtive. En lisière des arbres
Paraître comme un feu quand l'automne resserre
Tout le bruit de l'orage au cœur des frondaisons.

O plus noire et déserte! Enfin je te vis morte,
Inapaisable éclair que le néant supporte,
Vitre sitôt éteinte, et d'obscure maison.

V

Wo ist der Hirsch jetzt,
der unter diesen gerechten Bäumen Zeugnis gab,
daß sie es war, die im Blut uns einen Weg eröffnete,
ein neues Schweigen uns erfand.

Wie Frost, wie einen Sandsee trug sie ihr Gewand,
wie an den Grenzen aufgescheucht ein Hirsch,
daß sie so starb, von ihrem schönsten Gewand umhüllt,
und heimgekehrt von einer Schlangen-Erde?

VI

Schlammig der Winter, auf den ich, Douve,
dein Wald-Gesicht, das niedere und helle, bettete.
Alles bricht auseinander, dachte ich, alles entfernt sich.

Ich sah dich wieder, heftig und lachend ohne Umkehr,
mit deinem Haar im Abend prächtiger Jahreszeiten
die fahle Helle verbergen eines bläulichen Gesichts.

Ich sah dich wieder, flüchtig, Baum um Baum entlang
erscheinen wie ein Feuer, wenn der Herbst
das Rauschen des Gewitters ganz im dichten Laub
    versammelt.

O schwärzer noch und ganz Verödete! Tot endlich sah ich dich,
Blitz unstillbar, den das Nichts erträgt,
alsbald erloschnes Fenster, und dunklen Hauses.

Vrai nom

Je nommerai désert ce château que tu fus,
Nuit cette voix, absence ton visage,
Et quand tu tomberas dans la terre stérile
Je nommerai néant l'éclair qui t'a porté.

Mourir est un pays que tu aimais. Je viens
Mais éternellement par tes sombres chemins.
Je détruis ton désir, ta forme, ta mémoire,
Je suis ton ennemi qui n'aura de pitié.

Je te nommerai guerre et je prendrai
Sur toi les libertés de la guerre et j'aurai
Dans mes mains ton visage obscur et traversé,
Dans mon cœur ce pays qu'illumine l'orage.

Wahrer Name

Wüste will ich es nennen, dieses Schloß, das du warst,
Nacht diese Stimme, Abwesenheit dieses Gesicht,
und fällst du in die unfruchtbare Erde, will ich
Nichts ihn nennen, jenen Blitz, der dich getragen hat.

Sterben ist ein Land, das du liebtest. Ich komme,
immer und ewig doch auf deinen düsteren Pfaden.
Ich zerstöre dein Verlangen, deine Gestalt, dein Gedenken,
ich bin dein Feind, der kein Erbarmen kennt.

Krieg werde ich dich nennen und die Freiheiten mir
des Krieges über dich nehmen; in meinen Händen
wird dein Gesicht sein, dunkel und durchzuckt,
in meinem Herzen dies Land aufscheinend im Gewitter.

La lumière profonde a besoin pour paraître
D'une terre rouée et craquante de nuit.
C'est d'un bois ténébreux que la flamme s'exalte.
Il faut à la parole même une matière,
Un inerte rivage au delà de tout chant.

Il te faudra franchir la mort pour que tu vives,
La plus pure présence est un sang répandu.

Um zu erscheinen bedarf das tiefe Licht
einer geräderten und von Nacht berstenden Erde.
Finsterem Holz entzückt die Flamme sich.
Selbst das Wort bedarf eines Stoffes,
eines trägen Ufers jenseits jeden Gesangs.

Nur durch den Tod gelingt das Leben dir,
das reinste Dasein ist ein vergossenes Blut.

Phénix

L'oiseau se portera au-devant de nos têtes,
Une épaule de sang pour lui se dressera.
Il fermera joyeux ses ailes sur le faîte
De cet arbre ton corps que tu lui offriras.

Il chantera longtemps s'éloignant dans les branches,
L'ombre viendra lever les bornes de son cri.
Refusant toute mort inscrite sur les branches
Il osera franchir les crêtes de la nuit.

Phönix

Der Vogel wird sich unsern Köpfen nahn,
blutig eine Schulter hebt sich für ihn.
Freudig faltet er seine Flügel über dem First
dieses Baumes: dein Leib, den du ihm bieten wirst.

Und lange wird er singen, ferner von Zweig zu Zweig,
er ruft im Dunkel grenzenlos.
Jeden Tod, den Zweigen eingeschrieben, verwirft er,
er wagt es, schwingt jenseits der Nacht sich auf.

Cette pierre ouverte est-ce toi, ce logis dévasté,
Comment peut-on mourir?

J'ai apporté de la lumière, j'ai cherché,
Partout régnait le sang.
Et je criais et je pleurais de tout mon corps.

Dieser offene Stein, bist du das, diese verwüstete Behausung,
wie kann man sterben?

Ich brachte Licht herbei, ich suchte,
überall herrschte das Blut.
Und ich schrie und ich weinte aus allen meinen Leibes-
kräften.

Close la bouche et lavé le visage,
Purifié le corps, enseveli
Ce destin éclairant dans la terre du verbe,
Et le mariage le plus bas s'est accompli.

Tue cette voix qui criait à ma face
Que nous étions hagards et séparés,
Murés ces yeux: et je tiens Douve morte
Dans l'âpreté de soi avec moi refermée.

Et si grand soit le froid qui monte de ton être,
Si brûlant soit le gel de notre intimité,
Douve, je parle en toi; et je t'enserre
Dans l'acte de connaître et de nommer.

Wahrer Leib

Geschlossen der Mund, gewaschen das Gesicht,
gereinigt der Leib, begraben
dies erhellende Geschick in der Erde des Wortes,
und die tiefste Vermählung vollzogen.

Verstummt diese Stimme, die mir am Gesicht schrie,
daß wir Verstörte wären und Getrennte,
vermauert diese Augen: und ich halte Douve, eine Tote,
eingeschlossen mit mir in harscher Selbstheit.

Wie groß die Kälte sein mag, die aus dir aufsteigt,
wie glühend der Frost unserer innigsten Nähe,
Douve, ich spreche in dir; und ich umschließe dich
im Akt des Erkennens und Nennens.

Art poétique

Visage séparé de ses branches premières,
Beauté toute d'alarme par ciel bas,

En quel âtre dresser le feu de ton visage
O Ménade saisie jetée la tête en bas?

Gesicht, von seinen ersten Zweigen abgetrennt,
Schönheit, ganz aufgeschreckte, wenn der Himmel tief
herabdrückt,

Wo der Herd, es zu entfachen, das Feuer deines Gesichtes,
o Mänade ergriffen, kopfabwärts fortgeschleudert?

Douve parle

Quelle parole a surgi près de moi,
Quel cri se fait sur une bouche absente?
A peine si j'entends crier contre moi,
A peine si je sens ce souffle qui me nomme.

Pourtant ce cri sur moi vient de moi,
Je suis muré dans mon extravagance.
Quelle divine ou quelle étrange voix
Eût consenti d'habiter mon silence?

Douve spricht

Was für ein Wort, das neben mir ertönt,
was für ein Schrei, den doch kein Mund geformt?
Kaum daß ich es schreien höre wider mich,
kaum daß ich den Atem spüre, der mich nennt.

Doch dieser über mir, ich schreie ihn, den Schrei,
ich eingemauert in mein Außer-mir-Verirrtsein.
Wessen Gottes oder befremdlich welche Stimme sollte
mein Schweigen zu bewohnen eingewilligt haben?

Une voix

Quelle maison veux-tu dresser pour moi,
Quelle écriture noire quand vient le feu?

*

J'ai reculé longtemps devant tes signes,
Tu m'as chassée de toute densité.

*

Mais voici que la nuit incessante me garde,
Par de sombres chevaux je me sauve de toi.

Eine Stimme

Ein Haus errichten, welches, willst du mir?
Schwarz eine Schrift mir, welche, wenn das Feuer kommt?

*

Lange wich ich zurück vor deinen Zeichen,
aus jeder Dichte hast du mich verjagt.

*

Doch siehe, unaufhörlich hütet die Nacht mich,
finstere Pferde retten mich vor dir.

Une autre voix

Secouant ta chevelure ou cendre de Phénix,
Quel geste tentes-tu quand tout s'arrête,

Et quand minuit dans l'âtre illumine les tables?

*

Quel signe gardes-tu sur tes lèvres noires,
Quelle pauvre parole quand tout se tait,

Dernier tison quand l'âtre hésite et se referme?

*

Je saurai vivre en toi, j'arracherai
En toi toute lumière,

Toute incarnation, tout récif, toute loi.

*

Et dans le vide où je te hausse j'ouvrirai
La route de la foudre,

Ou plus grand cri qu'être ait jamais tenté.

Eine andere Stimme

Dein Haar oder des Phönix Asche schüttelnd,
was noch zu tun, verlockt es dich, wenn alles innehält,

Wenn Mitternacht im Herd über die Tische hinglänzt?

*

Welches Zeichen behältst du auf deinen schwarzen Lippen,
welch armes Wort, wenn alles schweigt,

Letztes Scheit, wenn der Herd zaudert und sich verschließt?

*

Ich werde, ja, in dir leben, in dir
entreißen jedes Licht,

Jede Einfleischung, jede Klippe, jedes Gesetz.

*

Und in der Leere, in die hinauf ich dich recke, werde ich
dem Blitz die Bahn eröffnen,

Oder dem größten Schrei, den zu schreien je versucht ward.

Si cette nuit est autre que la nuit,
Renais, lointaine voix bénéfique, réveille
L'argile la plus grave où le grain ait dormi.
Parle: je n'étais plus que terre désirante,
Voici les mots enfin de l'aube et de la pluie.
Mais parle que je sois la terre favorable,
Parle s'il est encor un jour enseveli.

Wenn diese Nacht nicht wie die Nacht ist,
erklinge wieder, ferne Stimme, wohltätige, erwecke
den schwersten Lehm, in dem das Korn je schlief.
Sprich: nur Erde, nur Verlangen war ich,
dies hier endlich sind Worte der Frühe und des Regens.
Aber sprich, auf daß ich günstiges Erdreich sei,
sprich, wenn da noch ein Licht vergraben ist.

Douve parle

I

Quelquefois, disais-tu, errante à l'aube
Sur des chemins noircis,
Je partageais l'hypnose de la pierre,
J'étais aveugle comme elle.
Or est venu ce vent par quoi mes comédies
Se sont élucidées en l'acte de mourir.

Je désirais l'été,
Un furieux été pour assécher mes larmes,
Or est venu ce froid qui grandit dans mes membres,
Et je fus éveillée et je souffris.

II

O fatale saison,
O terre la plus nue comme une lame!
Je désirais l'été,
Qui a rompu ce fer dans le vieux sang?

Vraiment je fus heureuse
A ce point de mourir.
Les yeux perdus, mes mains s'ouvrant à la souillure
D'une éternelle pluie.

Je criais, j'affrontais de ma face le vent ...
Pourquoi haïr, pourquoi pleurer, j'étais vivante,
L'été profond, le jour me rassuraient.

Douve spricht

I

Manchmal, sagtest du, im bleichen Frührot
auf geschwärzten Wegen irrend,
verfiel ich in Erwartung wie der Stein,
war ich blind wie er.
Jetzt aber kam dieser Wind, durch den
was ich zu spielen vorgab
im Akt des Sterbens sich erhellt.

Nach Sommer verlangte mich,
nach wütend einem Sommer, daß er die Tränen mir trockne;
nun kam diese Kälte, die in meinen Gliedern wuchs,
und weckte mich, und ich litt.

II

O schlimme Jahreszeit,
o Erde nackteste wie eine Klinge!
Nach Sommer verlangte mich,
wer hat dies Eisen im alten Blut zerbrochen?

Ja, glücklich war ich,
als es ans Sterben ging.
Ins Leere starrend, hielt ich die Hände
der Befleckung eines ewigen Regens hin.

Ich schrie, ich stemmte mein Antlitz in den Wind …
Hassen, warum? Weinen, warum? Leben durchpulste mich,
der tiefe Sommer, das Licht bestärkten mich.

III

Que le verbe s'éteigne
Sur cette face de l'être où nous sommes exposés,
Sur cette aridité que traverse
Le seul vent de finitude.

Que celui qui brûlait debout
Comme une vigne,
Que l'extrême chanteur roule de la crête
Illuminant
L'immense matière indicible.

Que le verbe s'éteigne
Dans cette pièce basse où tu me rejoins,
Que l'âtre du cri se resserre
Sur nos mots rougeoyants.

Que le froid par ma mort se lève et prenne un sens.

III

Das Wort erlösche
auf dieser Seite des Seins, wo wir ausgeliefert sind,
auf dieser Dürre, wo nur
der Wind der Endlichkeit hinstreicht.

Der aufrecht wie ein Weinberg brannte,
der höchste Sänger rolle
vom Gipfel talwärts,
den Stoff erhellend,
den ungeheuren, den unsäglichen.

Das Wort erlösche
in diesem niedrigen Gemach, wo du dich mir gesellst,
des Schreies Glut verdichte
sich über unseren rotfunkelnden Worten.

Erstehe durch meinen Tod die Kälte und sei ein Sinn.

Demande au maître de la nuit quelle est cette nuit,
Demande: que veux-tu, ô maître disjoint?
Naufragé de ta nuit, oui je te cherche en elle,
Je vis de tes questions, je parle dans ton sang,
Je suis le maître de ta nuit, je veille en toi comme la nuit.

Frage den Herrn der Nacht, was diese Nacht ist,
frage: was willst du, o Gespaltener?
Schiffbrüchig in deiner Nacht, ja, suche ich dich in ihr,
ich lebe von deinen Fragen, spreche in deinem Blut,
ich bin der Herr deiner Nacht, ich wache in dir wie die Nacht.

Une voix

Souviens-toi de cette île où l'on bâtit le feu
De tout olivier vif au flanc des crêtes,
Et c'est pour que la nuit soit plus haute et qu'à l'aube
Il n'y ait plus de vent que de stérilité.
Tant de chemins noircis feront bien un royaume
Où rétablir l'orgueil que nous avons été,
Car rien ne peut grandir une éternelle force
Qu'une éternelle flamme et que tout soit défait.
Pour moi je rejoindrai cette terre cendreuse,
Je coucherai mon cœur sur son corps dévasté.
Ne suis-je pas ta vie aux profondes alarmes,
Qui n'a de monument que Phénix au bûcher?

Eine Stimme

Erinnere dieser Insel dich, wo man das Feuer baute
aus jedem Ölbaum, der die steilen Hänge bevölkerte,
und dies, auf daß die Nacht höher sei und in der Frühe
unfruchtbar nur ein Wind hinstrich.
Soviel geschwärzte Wege bilden wohl ein Reich,
den Stolz dort wieder aufzurichten, der wir waren,
denn eine ewige Kraft zu steigern bedarf es
einer ewigen Flamme, und daß alles zerstört sei.
Ich werde dieser Aschenerde mich vereinen,
auf ihren verwüsteten Leib will ich mein Herz betten.
Bin ich dein Leben nicht, das tief gefährdete,
dem nur auf seinen Scheiten der Phönix ein Denkmal ist?

Demande pour tes yeux que les rompe la nuit,
Rien ne commencera qu'au delà de ce voile,
Demande ce plaisir que dispense la nuit
De crier sous le cercle bas d'aucune lune,
Demande pour ta voix que l'étouffe la nuit.

Demande enfin le froid, désire cette houille.

Für deine Augen erbitte, daß die Nacht sie breche,
kein Anbeginn als jenseits dieses dichten Schleiers,
erbitte diese Lust, die nur die Nacht gewährt,
zu schreien unter keines Mondes niederm Rund,
erbitte für deine Stimme, daß die Nacht sie ersticke.

Erbitte die Kälte endlich, nach dieser Kohle trachte.

Une voix

J'ai porté ma parole en vous comme une flamme,
Ténèbres plus ardues qu'aux flammes sont les vents.
Et rien ne m'a soumise en si profonde lutte,
Nulle étoile mauvaise et nul égarement.
Ainsi ai-je vécu, mais forte d'une flamme,
Qu'ai-je d'autre connu que son recourbement
Et la nuit que je sais qui viendra quand retombent
Les vitres sans destin de son élancement?
Je ne suis que parole intentée à l'absence,
L'absence détruira tout mon ressassement.
Oui, c'est bientôt périr de n'être que parole,
Et c'est tâche fatale et vain couronnement.

Eine Stimme

Ich trug mein Wort in euch wie eine Flamme,
glühendere Finsternisse als die Winde den Flammen sind.
Und nichts hat in so tiefem Kampf mich unterworfen,
kein böser Stern, kein Irregehn.
So lebte ich, doch von einer Flamme stark,
was kannte ich anderes als ihr Sich-Krümmen
und die Nacht, die kommen wird, ich weiß es, wenn
die schicksallosen Fenster einsinken ihres Loderns?
Ich bin nur Wort, dem Fernsein hingesprochen,
das Fernsein wird es zerstören, all mein Wieder-und-wieder.
Ja, nur Wort sein heißt bald zugrundegehn,
ein tödliches Geschäft und eitler Kranz.

UNE VOIX

Tu fus sage d'ouvrir, il vint à la nuit,
Il posa près de toi la lampe de pierre.
Il te coucha nouvelle en ta place ordinaire,
De ton regard vivant faisant étrange nuit.

UNE AUTRE VOIX

La première venue en forme d'oiseau
Frappe à ma vitre au minuit de ma veille.
J'ouvre et saisie dans sa neige je tombe
Et ce logis m'échappe où je menais grand feu.

UNE VOIX

Elle gisait, le cœur découvert. A minuit,
Sous l'épais feuillage des morts,
D'une lune perdue elle devint la proie,
La maison familière où tout se rétablit.

UNE AUTRE VOIX

D'un geste il me dressa cathédrale de froid,
O Phénix! Cime affreuse des arbres crevassée
Par le gel! Je roulais comme torche jetée
Dans la nuit même où le Phénix se recompose.

EINE STIMME

Du warst klug, ihm zu öffnen, er kam bei Nacht,
er setzte seine steinerne Lampe neben dir ab.
Er bettete dich neu an deiner gewöhnlichen Stelle,
seltsame Nacht aus deinen Blicken, den lebendigen, holend.

EINE ANDERE STIMME

Eine als erste kam in Gestalt eines Vogels,
pocht an mein Fenster, wo ich wache um Mitternacht.
Ich öffne, und von ihrem Schnee umfangen falle ich,
die Wände rings entweichen, zwischen denen ich feurig mich
 entfachte.

EINE STIMME

Sie ruhte, entblößten Herzens. Um Mitternacht,
unter dem dichten Laubwerk der Toten,
wurde sie die Beute eines verlorenen Mondes,
das gewohnte Haus, wo alles an seine alte Stelle rückte.

EINE ANDERE STIMME

Jäh errichtete er mich, eine Kathedrale des Frostes,
o Phönix! Gräßlicher Wipfel der Bäume, von der Eiseskälte
zerspellt! Ich rollte wie eine weggeworfene Fackel
in eben der Nacht, darin der Phönix aufersteht.

Mais que se taise celle qui veille encor
Sur l'âtre, son visage étant chu dans les flammes,
Qui reste encore assise, étant sans corps.

Qui parle pour moi, ses lèvres étant fermées,
Qui se lève et m'appelle, étant sans chair,
Qui part laissant sa tête dessinée,

Qui rit toujours, en rire étant morte jadis.

Sie aber schweige, jene, die noch über
der Feuerstelle wacht, das Antlitz vornüber in den Flammen,
und sitzt noch dort, die Körperlose.

Die für mich spricht, geschlossener Lippen,
die sich erhebt und die mich ruft, die ihres Fleisches längst
verlustig ging,
die fortgeht, doch bleibt ein Umriß ihres Hauptes noch,

Und die zu lachen fortfährt, wie sie einstmals lachend starb.

Tais-toi puisqu'aussi bien nous sommes de la nuit
Les plus informes souches gravitantes,
Et matière lavée et retournant aux vieilles
Idées retentissantes où le feu s'est tari,
Et face ravinée d'une aveugle présence
Avec tout feu chassée servante d'un logis,
Et parole vécue mais infiniment morte
Quand la lumière enfin s'est faite vent et nuit.

Schweige, denn auch wir sind hinabwärts
ungestalt und lastend hingeschichtet in Nacht,
gewaschene Materie, die zu den alten hellklingenden
Ideen, wo das Feuer erlosch, zurückkehrt,
und aufgefurchtes Antlitz einer blind Anwesenden
mit jedem Feuer verjagte Dienerin eines Hauses,
und lebenswahres Wort, unendlich totes doch,
als sich das Licht zuletzt in Wind und Nacht verkehrte.

L’orangerie

Ainsi marcherons-nous sur les ruines d’un ciel immense,
Le site au loin s’accomplira
Comme un destin dans la vive lumière.

Le pays le plus beau longtemps cherché
S’étendra devant nous terre des salamandres.

Regarde, diras-tu, cette pierre:
Elle porte la présence de la mort.
Lampe secrète c’est elle qui brûle sous nos gestes,
Ainsi marchons-nous éclairés.

Die Orangerie

So werden wir auf den Trümmern wandern eines
ungeheuren Himmels,
fern das Gelände
wird wie ein Schicksal sich im hellen Licht vollbringen.

Das lang gesuchte schönste Land
wird sich vor uns erstrecken, eine Erde der Salamander.

Schau, wirst du sagen, diesen Stein:
Er trägt die Gegenwart des Todes.
Heimliche Lampe, ist er es, der unter unseren Gebärden
brennt,
so wandern wir erhellt.

Le ciel trop bas pour toi se déchirait, les arbres
Envahissaient l'espace de ton sang.
Ainsi d'autres armées sont venues, ô Cassandre,
Et rien n'a pu survivre à leur embrassement.

Un vase décorait le seuil. Contre son marbre
Celui qui revenait sourit en s'appuyant.
Ainsi le jour baissait sur le lieudit *Aux Arbres.*
C'était jour de parole et ce fut nuit de vent.

Hic est locus patriae

Allzu tief für dich zerriß der Himmel sich, die Bäume
in Scharen nahmen den Raum ein deines Blutes.
So kamen, Kassandra, andere Heere,
deren Umarmungen nichts überlebte.

Eine Vase schmückte die Schwelle. An ihren Marmor
sich lehnend der Heimgekehrte lächelte.
So sank der Abend auf die Stätte, die »Den Bäumen«
    geweiht war.
Ein Tag des Wortes war dies, dann herrschten Wind und
    Nacht.

Le lieu était désert, le sol sonore et vacant,
La clé, facile dans la porte.
Sous les arbres du parc,
Qui allait vivre en telle brume chancelait.

L'orangerie,
Nécessaire repos qu'il rejoignait,
Parut, un peu de pierre dans les branches.

O terre d'un destin! Une première salle
Criait de feuille morte et d'abandon.
Sur la seconde et la plus grande, la lumière
S'étendait, nappe rouge et grise, vrai bonheur.

Verlassen war die Stätte, der Boden, der widerhallte, leer,
leicht paßte der Schlüssel in die Tür.
Wer unter den Bäumen des Parkes
in solchem Nebel sich aufmachte, taumelte.

Und die Orangerie,
der er, zu ruhen dort, zustrebte,
erschien, ein wenig Stein im Laubwerk.

O Erde eines Schicksals! Ein erster Saal
schrie welkes Laub und Aufgegebenheit.
Über den zweiten, größeren
breitete das Licht sich, rot und grau ergossen, wahres Glück.

La salamandre

I

Et maintenant tu es Douve dans la dernière chambre d'été.

Une salamandre fuit sur le mur. Sa douce tête d'homme répand la mort de l'été. »Je veux m'abîmer en toi, vie étroite, crie Douve. Éclair vide, cours sur mes lèvres, pénètre-moi!

J'aime m'aveugler, me livrer à la terre. J'aime ne plus savoir quelles dents froides me possèdent.«

II

Toute une nuit je t'ai rêvée ligneuse, Douve, pour mieux t'offrir à la flamme. Et statue verte épousée par l'écorce, pour mieux jouir de ta tête éclairante.

Éprouvant sous mes doigts le débat du brasier et des lèvres: je te voyais me sourire. Or, ce grand jour en toi des braises m'aveuglait.

Der Salamander

I

Und jetzt bist du Douve in dem letzten Zimmer des Sommers.

Ein Salamander flieht auf der Mauer. Sein sanfter Menschenkopf ergießt den Sommertod. »In dich will ich mich ganz versenken, enges Leben«, schreit Douve. »Leerer Blitz, lauf auf meinen Lippen, durchdringe mich!

Blind will ich sein, der Erde mich ausliefern. Wozu noch wissen, welche kalten Zähne mich besitzen.«

II

Eine ganze Nacht lang träumte ich dich holzig, Douve, um dich der Flamme besser auszuliefern. Und als von ihrer Rinde eng umschlossen eine grüne Statue, um inniger mich deines Hauptes zu erfreuen, des erhellenden.

Wie meine Finger es erfühlten, das Aufbegehren der Holzglut und der Lippen, sah ich, daß du mir lächeltest. Dieser hohe Glanz in dir der Scheite, jetzt blendete er mich.

III

»Regarde-moi, regarde-moi, j'ai couru!«

Je suis près de toi, Douve, je t'éclaire. Il n'y a plus entre nous que cette lampe rocailleuse, ce peu d'ombre apaisé, nos mains que l'ombre attend. Salamandre surprise, tu demeures immobile.

Ayant vécu l'instant où la chair la plus proche se mue en connaissance.

IV

Ainsi restions-nous éveillés au sommet de la nuit de l'être. Un buisson céda.

Rupture secrète, par quel oiseau de sang circulais-tu dans nos ténèbres?

Quelle chambre rejoignais-tu, où s'aggravait l'horreur de l'aube sur les vitres?

III

»Schau mich an, schau mich an, ich bin gelaufen!«

Ich bin dir nahe, Douve, ich erhelle dich. Nichts ist mehr zwischen uns als diese steinige Lampe, dieser Schattenrest, besänftigt, unsere Hände, die das Dunkel erwartet. Ein überraschter Salamander, bleibst du reglos.

Ein Augenblick war, du lebtest ihn, da das Fleisch, das allernächste, sich in Erkenntnis wandelt.

IV

So blieben wir und wachten auf dem Gipfel der Nacht des Seins. Ein Strauch gab nach.

Heimlicher Riß, durch welchen Vogel des Blutes kreistest du in unsern Finsternissen?

In welche Kammer drangst du ein, wo das Grauen der Morgenröte sich auf den Scheiben verdichtete?

Quand reparut la salamandre, le soleil
Était déjà très bas sur toute terre,
Les dalles se paraient de ce corps rayonnant.

Et déjà il avait rompu cette dernière
Attache qu'est le cœur que l'on touche dans l'ombre.

Sa blessure créa, paysage rocheux,
Une combe où mourir sous un ciel immobile.
Tourné encor à toutes vitres, son visage
S'illumina de ces vieux arbres où mourir.

Als der Salamander wieder erschien, stand die Sonne
sehr niedrig schon auf aller Erde,
die Fliesen schmückten sich mit diesem strahlenden Leib.

Und schon hatte er jenes letzte Band
zerrissen, das Herz, das man im Dunkeln anrührt.

Und seine Wunde schuf, felsige Landschaft,
eine Schlucht, zu sterben dort unter reglosem Himmel.
Allen Fenstern noch zugekehrt, erstrahlte
sein Antlitz von diesen alten Bäumen, zu sterben dort.

Cassandre, dira-t-il, mains désertes et peintes,
Regard puisé plus bas que tout regard épris,
Accueille dans tes mains, sauve dans leur étreinte
Ma tête déjà morte où le temps se détruit.

L'Idée me vient que je suis pur et je demeure
Dans la haute maison dont je m'étais enfui.
Oh pour que tout soit simple aux rives où je meure
Resserre entre mes doigts le seul livre et le prix.

Lisse-moi, farde-moi. Colore mon absence.
Désœuvre ce regard qui méconnaît la nuit.
Couche sur moi les plis d'un durable silence,
Éteins avec la lampe une terre d'oubli.

Kassandra, wird er sprechen, leere, bemalte Hände,
Blick tiefer als jeder verliebte Blick geschöpft,
empfange in deine Hände, rette in ihrer Umfassung
mein schon gestorbenes Haupt, wo die Zeit sich zersetzt.

Wie wandelt es mich an: rein sei ich und immer bliebe
ich in dem hohen Haus, aus dem ich flüchtete.
Oh daß alles einfach sei auf den Gestaden, wo ich sterbe,
laß meine Finger sie fester halten, das einzige Buch und den
Preis.

Glätte mich, schminke mich. Färbe meine Abwesenheit.
Laß ihn müßig gehen, diesen Blick, der die Nacht verkennt.
Breite sie über mich, die Falten eines dauerhaften Schweigens,
lösch mit der Lampe eine Erde des Vergessens aus.

Mais toi, mais le désert! étends plus bas
Tes nappes ténébreuses.
Insinue dans ce cœur pour qu'il ne cesse pas
Ton silence comme une cause fabuleuse.

Viens. Ici s'interrompt une pensée,
Ici n'a plus de route un beau pays.
Avance sur le bord de cette aube glacée
Que te donne en partage un soleil ennemi.

Et chante. C'est pleurer deux fois ce que tu pleures
Si tu oses chanter par grand refus.
Souris, et chante. Il a besoin que tu demeures,
Sombre lumière, sur les eaux de ce qu'il fut.

Du aber, du die Wüste! breite tiefer
deine finsteren Gewässer hin.
Träufle diesem Herzen, auf daß es daure,
dein Schweigen wie einen sagenhaften Ursprung.

Komm. Hier unterbricht sich ein Gedanke,
hier dehnt sich wegelos ein schönes Land.
Komm näher dieses eisige Frührot entlang,
das eine feindliche Sonne dir zuteil werden läßt.

Und singe. Zweimal beweinst du das Beweinte,
wenn du, wo mächtiges Verweigern herrscht, zu singen wagst.
Lächle, und singe. Er bedarf dessen, daß du fortdauerst,
düsteres Licht, auf den Wassern dessen, was er war.

Je prendrai dans mes mains ta face morte. Je la coucherai dans son froid. Je ferai de mes mains sur ton corps immobile la toilette inutile des morts.

Ich werde dein totes Gesicht in meine Hände nehmen. Ich werde es in seine Kälte betten. Mit meinen Händen werde ich an deinem reglosen Leib die unnütze Waschung der Toten verrichten.

L'orangerie sera ta résidence.
Sur la table dressée dans une autre lumière
Tu coucheras ton cœur.
Ta face prendra feu, chassant à travers branches.

Douve sera ton nom au loin parmi les pierres,
Douve profonde et noire,
Eau basse irréductible où l'effort se perdra.

Die Orangerie wird dein Aufenthalt sein.
Auf den in einem andern Licht gedeckten Tisch
wirst du dein Herz betten.
Dein Gesicht wird Feuer fangen, wenn es durch die Zweige
jagt.

Douve wird fern dein Name zwischen den Steinen sein,
Douve tief und schwarz,
unzähmbar niedrig ein Gewässer, wo alle Mühe erlahmt.

Ainsi jusqu'à la mort, visages réunis,
Gestes gauches du cœur sur le corps retrouvé,
Et sur lequel tu meurs, absolue vérité,
Ce corps abandonné à tes mains affaiblies.

L'odeur du sang sera ce bien que tu cherchais,
Bien frugal rayonnant sur une orangerie.
Le soleil tournera, de sa vive agonie
Illuminant le lieu où tout fut dévoilé.

So bis zum Tode, Gesichter eins dem andern nah,
linkische Gesten des Herzens auf diesem wiedergefundenen
Leib
und auf dem du stirbst, Wahrheit ganz und gar,
auf diesem deinen geschwächten Händen preisgegebenen
Leib.

Der Geruch des Blutes wird dieses Gut sein, das du suchtest,
frugales Gut, auf einer Orangerie erstrahlend.
Kreisend die Sonne, wie sie im Sterben aufglüht,
wird sie den Ort erleuchten, wo alles enthüllt ward.

Tu as pris une lampe et tu ouvres la porte,
Que faire d'une lampe, il pleut, le jour se lève.

Du nahmst eine Lampe, und du öffnest die Tür,
wozu eine Lampe, es regnet, sieh, es tagt.

Vrai lieu

Qu'une place soit faite à celui qui approche,
Personnage ayant froid et privé de maison.

Personnage tenté par le bruit d'une lampe,
Par le seuil éclairé d'une seule maison.

Et s'il reste recru d'angoisse et de fatigue,
Qu'on redise pour lui les mots de guérison.

Que faut-il à ce cœur qui n'était que silence,
Sinon des mots qui soient le signe et l'oraison,

Et comme un peu de feu soudain la nuit,
Et la table entrevue d'une pauvre maison?

Wahrer Ort

Sei dem ein Platz bereitet, der näherkommt,
einer, der friert und hat kein Haus.

Einer, den das Flackern einer Lampe lockt,
die helle Schwelle eines einzigen Hauses.

Und ist er von Angst, von Müdigkeit ermattet,
so spreche man für ihn die Worte der Heilung.

Wessen bedarf dies Herz, das nur Schweigen war,
es seien Worte denn des Zeichens und Gebets,

Und wie ein wenig Feuer plötzlich nachts,
und halb erblickt der Tisch eines armen Hauses?

Chapelle Brancacci

Veilleuse de la nuit de janvier sur les dalles,
Comme nous avions dit que tout ne mourrait pas!
J'entendais plus avant dans une ombre semblable
Un pas de chaque soir qui descend vers la mer.

Ce que je tiens serré n'est peut-être qu'une ombre,
Mais sache y distinguer un visage éternel.
Ainsi avions-nous pris vers des fresques obscures
Le vain chemin des rues impures de l'hiver.

Capella Brancacci

Nachtlicht im Januar über den Fliesen,
als uns das Wort gekommen war: nicht alles stirbt!
Ich hörte weiter vorn in einem diesem verwandten Dunkel
einen allabendlichen Schritt, der niedersteigt zum Meer.

Vielleicht ist, was ich umklammert halte, nur ein Schatten,
doch sei dir ein ewiges Antlitz dort erkennbar.
So führte uns zu düsteren Fresken hin
ziellos ein Weg im Schmutz der Winterstraßen.

Lieu du combat

I

Voici défait le chevalier de deuil.
Comme il gardait une source, voici
Que je m'éveille et c'est par la grâce des arbres
Et dans le bruit des eaux, songe qui se poursuit.

Il se tait. Son visage est celui que je cherche
Sur toutes sources ou falaises, frère mort.
Visage d'une nuit vaincue, et qui se penche
Sur l'aube de l'épaule déchirée.

Il se tait. Que peut dire au terme du combat
Celui qui fut vaincu par probante parole?
Il tourne vers le sol sa face démunie,
Mourir est son seul cri, de vrai apaisement.

Ort des Kampfes

I

Da, sieh den Trauerritter nun besiegt.
Er wachte an einem Quell, und sieh,
ich erwache, dank den Bäumen und im Geräusch
der Wasser, die fortträumend wandern.

Er schweigt. Sein Angesicht ist das gesuchte
auf allen Quellen oder Klippen, toter Bruder.
Antlitz einer besiegten Nacht, das sich
über das Frührot einer zerfetzten Schulter beugt.

Er schweigt. Was, wenn der Kampf zuende,
kann der Besiegte noch sagen, den ein Wort bezwang?
Er kehrt dem Boden sein entblößtes Antlitz zu,
Frieden suchend ist Sterben sein einziger Schrei.

II

Mais pleure-t-il sur une source plus
Profonde et fleurit-il, dahlia des morts
Sur le parvis des eaux terreuses de novembre
Qui poussent jusqu'à nous le bruit du monde mort?

Il me semble, penché sur l'aube difficile
De ce jour qui m'est dû et que j'ai reconquis,
Que j'entends sangloter l'éternelle présence
De mon démon secret jamais enseveli.

O tu reparaîtras, rivage de ma force!
Mais que ce soit malgré ce jour qui me conduit.
Ombres, vous n'êtes plus. Si l'ombre doit renaître
Ce sera dans la nuit et par la nuit.

II

Doch weint er über einem tieferen Quell
und blüht er, Dahlie der Toten
im Vorhof der erdigen Gewässer des November,
die bis zu uns das Brausen der toten Welt hinflößen?

Mir scheint, gebeugt über das schwierige Frühlicht
dieses Tages, der mir geschuldet ist und den ich mir
erobert habe,
daß ich ihn schluchzen höre, den ewigen,
meinen heimlichen, niemals begrabenen Dämon.

O du wirst wieder erscheinen, Ufer meiner Kraft!
Doch sei es diesem Tag zum Trotz, der mich hinführt.
Schatten, ihr seid nicht mehr. Kein andres Dunkel hinfort
als in der Nacht und aus der Nacht geboren.

Lieu de la salamandre

La salamandre surprise s'immobilise
Et feint la mort.
Tel est le premier pas de la conscience dans les pierres,
Le mythe le plus pur,
Un grand feu traversé, qui est esprit.

La salamandre était à mi-hauteur
Du mur, dans la clarté de nos fenêtres.
Son regard n'était qu'une pierre,
Mais je voyais son cœur battre éternel.

O ma complice et ma pensée, allégorie
De tout ce qui est pur,
Que j'aime qui resserre ainsi dans son silence
La seule force de joie.

Que j'aime qui s'accorde aux astres par l'inerte
Masse de tout son corps,
Que j'aime qui attend l'heure de sa victoire,
Et qui retient son souffle et tient au sol.

Ort des Salamanders

Der Salamander, überrascht, erstarrt
und stellt sich tot.
Derart ist, in den Steinen, zum Wissen der erste Schritt,
die reinste Sage,
Hindurchgang durch ein großes Feuer, das Geist ist.

Der Salamander war in halber Höhe
der Mauer, in der Helle unsrer Fenster.
Sein Blick war nur Stein,
doch ewig schlug, ich sah es, sein Herz.

O mein Gesell und mein Gedanke, Gleichnis
alles dessen, was rein ist,
wie lieb ist mir, was seiner Freude Mächtigkeit
ganz in sein Schweigen faßt.

Wie lieb, wer den Gestirnen sich
mit seines ganzen Leibes regloser Masse gleicht,
wie lieb, wer wartend, bis seines Sieges Stunde kommt,
den Atem anhält und am Boden haftet.

Vrai lieu du cerf

Un dernier cerf se perdant
Parmi les arbres,
Le sable retentira
Du pas d'obscurs arrivants.

Dans la maison traversée
Du bruit des voix,
L'alcool du jour déclinant
Se répandra sur les dalles.

Le cerf qu'on a cru retrait
Soudain s'évade.
Je pressens que ce jour a fait
Votre poursuite inutile.

Wahrer Ort des Hirsches

Ein letzter Hirsch verlor sich
zwischen den Bäumen,
der Sand wird knirschen
von Schritten derer, die da dunkel kommen.

Laut werden Stimmen
das Haus durchlärmen,
der Alkohol des sinkenden Tages
wird auf den Estrich fließen.

Da, wieder: jäh bricht
der Hirsch aus seinem Versteck.
Ihn noch zu jagen, heute,
ich fühl's, erübrigt sich.

Le jour franchit le soir, il gagnera
Sur la nuit quotidienne.
O notre force et notre gloire, pourrez-vous
Trouer la muraille des morts?

Tag überwindet den Abend, dauert
die Nächte, wie sie kommen, durch.
O unsre Kraft und unsre Herrlichkeit, werdet ihr
die Mauer der Toten je durchbrechen?

Hier régnant
désert

Tu veux un monde, dit Diotima. C'est pourquoi tu as tout, et tu n'as rien.
Hypérion

Herrschaft des Gestern: Wüste

Du willst eine Welt, sagte Diotima. Darum hast du alles und hast du nichts.

Hyperion

Menaces du témoin

Menaces du témoin

I

Que voulais-tu dresser sur cette table,
Sinon le double feu de notre mort?
J'ai eu peur, j'ai détruit dans ce monde la table
Rougeâtre et nue, où se déclare le vent mort.

Puis j'ai vieilli. Dehors, vérité de parole
Et vérité de vent ont cessé leur combat.
Le feu s'est retiré, qui était mon église,
Je n'ai même plus peur, je ne dors pas.

II

Vois, déjà tous chemins que tu suivais se ferment,
Il ne t'est plus donné même ce répit
D'aller même perdu. Terre qui se dérobe
Est le bruit de tes pas qui ne progressent plus.

Pourquoi as-tu laissé les ronces recouvrir
Un haut silence où tu étais venu?
Le feu veille désert au jardin de mémoire
Et toi, ombre dans l'ombre, où es-tu, qui es-tu?

Drohungen des Zeugen

Drohungen des Zeugen

I

Was wolltest du errichten über diesem Tisch?
Wars nicht in einem Feuer unser beider Tod?
Ich hatte Furcht, in dieser Welt zerstörte ich den Tisch,
den rot und nackten; der da geht, der Wind, ist tot.

Dann kam das Alter. Draußen, wahres Wort und
Des Windes Wahrheit stritten länger nicht.
Das Feuer wich zurück, das meine Kirche war,
abhanden kam mir selbst die Furcht, ich schlafe nicht.

II

Sieh, schon verschließen sich die Wege, die du gingst,
nicht einmal dieser Aufschub bleibt dir noch,
verloren hinzuwandern. Erde, die nicht trägt,
ist deiner Schritte Hall am gleichen Ort.

Was ließest du den Dornen jene hohe Stille,
in der du kamst? Unkenntlich wuchs sie zu.
Im Garten der Erinnerung hält vereinsamt das Feuer Wacht,
und du, im Schatten Schatten, wo bist, wer bist du?

III

Tu cesses de venir dans ce jardin,
Les chemins de souffrir et d'être seul s'effacent,
Les herbes signifient ton visage mort.

Il ne t'importe plus que soient cachés
Dans la pierre l'église obscure, dans les arbres
Le visage aveuglé d'un plus rouge soleil,

Il te suffit
De mourir longuement comme en sommeil,
Tu n'aimes même plus l'ombre que tu épouses.

IV

Tu es seul maintenant malgré ces étoiles,
Le centre est près de toi et loin de toi,
Tu as marché, tu peux marcher, plus rien ne change,
Toujours la même nuit qui ne s'achève pas.

Et vois, tu es déjà séparé de toi-même,
Toujours ce même cri, mais tu ne l'entends pas,
Es-tu celui qui meurt, toi qui n'as plus d'angoisse,
Es-tu même perdu, toi qui ne cherches pas?

III

Du kommst nicht mehr in diesen Garten,
des Leidens Pfade und Alleinseins löschen hin,
die Kräuter zeigen dein erstorbenes Gesicht.

Nicht mehr kümmerts dich, daß sie versteckt sind dort,
im Stein die dunkle Kirche, in den Bäumen
erblindet einer Sonne röteres Gesicht.

Dir aber
genügt ein langes Sterben wie im Schlaf,
und selbst das Dunkel, in das du einsinkst, liebst du nicht.

IV

Du bist allein jetzt, unerachtet dieser Sterne,
nah ist die Mitte dir und ist dir fern,
du gingst, du kannst noch gehen, nichts mehr ändert sich,
die gleiche Nacht stets, und sie endet nicht.

Und sieh, schon bist du von dir selbst getrennt,
stets dieser gleiche Schrei, du aber hörst ihn nicht,
bist du der Sterbende, du ohne Angst,
bist du verloren denn, du der nicht sucht?

V

Le vent se tait, seigneur de la plus vieille plainte,
Serai-je le dernier qui s'arme pour les morts?
Déjà le feu n'est plus que mémoire et que cendre
Et bruit d'aile fermée, bruit de visage mort.

Consens-tu de n'aimer que le fer d'une eau grise
Quand l'ange de ta nuit viendra clore le port
Et qu'il perdra dans l'eau immobile du port
Les dernières lueurs dans l'aile morte prises?

Oh, souffre seulement de ma dure parole
Et pour toi je vaincrai le sommeil et la mort,
Pour toi j'appellerai dans l'arbre qui se brise
La flamme qui sera le navire et le port.

Pour toi j'élèverai le feu sans lieu ni heure,
Un vent cherchant le feu, les cimes du bois mort,
L'horizon d'une voix où les étoiles tombent
Et la lune mêlée au désordre des morts.

V

Der Wind verstummt, Meister der ältesten Klage,
werd ich der Letzte sein, der für die Toten sich waffnet?
Schon ist das Feuer nur Erinnerung noch, nur Asche,
Laut eines Flügels, der sich schloß, Gesichtes, das erlosch.

Bist du bereit, das Eisen nur zu lieben eines grauen Wassers,
wenn jetzt der Engel deiner Nacht kommt und den Hafen
schließt und im regungslosen Wasser des Hafens
den letzten Schein verliert, der sich im toten Flügel fing?

Oh, wolle nur an meinem harten Worte leiden
und ich für dich will siegen über Schlaf und Tod,
für dich will ich im Baum, der bricht,
die Flamme rufen, die das Schiff und die der Hafen sein wird.

Für dich will ich das Feuer aufrufen ohne Ort und Stunde,
einen Wind, der dieses Feuer sucht, und Wipfel dürren Holzes,
und einer Stimme Horizont, an dem die Sterne stürzen,
und dann den Mond, der aus dem Wust der Toten steigt.

Le bruit des voix

Le bruit des voix s'est tu, qui te désignait.
Tu es seul dans l'enclos des barques obscures.
Marches-tu sur ce sol qui bouge, mais tu as
Un autre chant que cette eau grise dans ton cœur,

Un autre espoir que ce départ que l'on assure,
Ces pas mornes, ce feu qui chancelle à l'avant.
Tu n'aimes pas le fleuve aux simples eaux terrestres
Et son chemin de lune où se calme le vent.

Plutôt, dis-tu, plutôt sur de plus mortes rives,
Des palais que je fus le haut délabrement.
Tu n'aimes que la nuit en tant que nuit, qui porte
La torche, ton destin, de tout renoncement.

Das Brausen der Stimmen

Das Brausen der Stimmen starb, das dich betraf.
Du bist allein im Pferch der dunklen Barken.
Gehst du auf diesem Boden, der schaukelt, doch du hast
ein anderes Lied als dieses graue Wasser in deinem Herzen,

Ein andere Hoffnung als diese Ausfahrt, die man rüstet,
diese dumpfen Schritte, dies Feuer, das am Bug schwankt.
Du liebst den Strom nicht bloß irdischer Gewässer
und monden seine Bahn, wo sich der Wind legt.

Lieber, sagst du, lieber, auf noch erstorbeneren Ufern,
der Paläste, die ich war, hochragender Verfall.
Du liebst die Nacht nur als die Nacht, die lodernd
die Fackel trägt – dein Schicksal – jeglichen Verzichts.

Rive d'une autre mort

I

L'oiseau qui s'est dépris d'être Phénix
Demeure seul dans l'arbre pour mourir.
Il s'est enveloppé de la nuit de blessure,
Il ne sent pas l'épée qui pénètre son cœur.

Comme l'huile a vieilli et noirci dans les lampes,
Comme tant de chemins que nous étions, perdus,
Il fait un lent retour à la matière d'arbre.

Il sera bien un jour,
Il saura bien un jour être la bête morte,
L'absence au col tranché que dévore le sang.

Il tombera dans l'herbe, ayant trouvé
Dans l'herbe le profond de toute vérité,
Le goût du sang battra de vagues son rivage.

Ufer eines anderen Todes

I

Der Vogel, der Phönix zu sein nicht mehr begehrt,
bleibt auf dem Baum, allein zu sterben.
Ganz in Nacht gehüllt, in schwarze Wunde,
fühlt er nicht das Schwert, das in sein Herz dringt.

Wie in den Lampen alterte das Öl und schwarz ward,
wie soviel Wege, die wir waren, nun verlorene,
kehrt langsam er zurück zu Holz und Stoff.

Er wird wohl eines Tages,
wohl willig eines Tages wird er totes Tier sein,
nicht mehr er sein, abgeschnittenen Halses, den das
Blut schlingt.

Er wird ins Gras abstürzen, dort im Gras
das Tiefe aller Wahrheit finden,
Geschmack des Blutes wird an seine Küste branden.

II

L'oiseau se défera par misère profonde,
Qu'était-il que la voix qui ne veut pas mentir,
Il sera par orgueil et native tendance
A n'être que néant, le chant des morts.

Il vieillira. Pays aux formes nues et dures
Sera l'autre versant de cette voix.
Ainsi noircit au vent des sables de l'usure
La barque retirée où le flot ne va pas.

Il se taira. La mort est moins grave. Il fera
Dans l'inutilité d'être les quelques pas
De l'ombre dont le fer a déchiré les ailes.

Il saura bien mourir dans la grave lumière
Et ce sera parler au nom d'une lumière
Plus heureuse, établie dans l'autre monde obscur.

II

Auflösen wird der Vogel sich aus tiefster Not,
was war er als die Stimme, die nicht lügen will,
er wird, aus Stolz und eingeborenem Trieb
zunicht zu werden, Lied der Toten sein.

Er wird altern. Karges, hartes Land
wird dieser Stimme anderer Abhang sein.
So schwärzt im Wind des scheuernden Sandes sich
das Boot im Trocknen, wo die Flut nicht hinkommt.

Er wird schweigen. Leichter ist der Tod. Er tut,
sinnlos vorhanden, noch die wenigen Schritte
des Schattens, dem der Stahl die Flügel zerfetzte.

Wohl willig wird er sterben in dem ernsten Licht
und sprechen so im Namen eines glücklicheren Lichtes,
das in der anderen dunklen Welt wohnt.

III

Le sable est au début comme il sera
L'horrible fin sous la poussée de ce vent froid.
Où est le bout, dis-tu, de tant d'étoiles,
Pourquoi avançons-nous dans ce lieu froid?

Et pourquoi disons-nous d'aussi vaines paroles,
Allant et comme si la nuit n'existait pas?
Mieux vaut marcher plus près de la ligne d'écume
Et nous aventurer au seuil d'un autre froid.

Nous venions de toujours. De hâtives lumières
Portaient au loin pour nous la majesté du froid
– Peu à peu grandissait la côte longtemps vue
Et dite par des mots que nous ne savions pas.

III

Sand ist am Anfang, wie er gräßlich
das Ende sein wird unter dieses kalten Windes Stößen.
Wo hören, sagst du, all diese Sterne auf,
und warum schreiten wir an diesem kalten Ort?

Und warum reden wir so eitle Worte
im Gehn und so, als gäb es keine Nacht?
Besser wärs, dem Schaumstreif nah zu wandern
und auf die Schwelle einer andern Kälte uns zu wagen.

Wir kamen von jeher. Und rasche Lichter
trugen ins Weite uns des Frostes Hoheit
– langsam hob sich die lang erblickte Küste
und Worte nannten sie, die wir nicht kannten.

A San Francesco, le soir

… Ainsi le sol était de marbre dans la salle
Obscure, où te mena l'inguérissable espoir.
On eût dit d'une eau calme où de doubles lumières
Portaient au loin les voix des cierges et du soir.

Et pourtant nul vaisseau n'y demandait rivage,
Nul pas n'y troublait plus la quiétude de l'eau.
Ainsi, te dis-je, ainsi de nos autres mirages,
O fastes dans nos cœurs, ô durables flambeaux!

In San Francesco, abends

… So war der Boden marmorn in der dunklen Halle,
wohin dich die Hoffnung führte, die unheilbar bleibt.
Ein Spiegel stillen Wassers, wo gepaarte Lichter
der Kerzen Stimmen und des Abends hintrugen weit.

Und doch kein Schiff erbat sich dort Gestade,
kein Schritt dort störte noch des Wassers glatte Bahn.
So auch, sprach ich zu dir, so aller andre Wahn,
o unsres Herzens Feste, o unentwegte Fackeln!

Le bel été

Le feu hantait nos jours et les accomplissait,
Son fer blessait le temps à chaque aube plus grise,
Le vent heurtait la mort sur le toit de nos chambres,
Le froid ne cessait pas d'environner nos cœurs.

Ce fut un bel été, fade, brisant et sombre,
Tu aimas la douceur de la pluie en été
Et tu aimas la mort qui dominait l'été
Du pavillon tremblant de ses ailes de cendre.

Cette année-là, tu vins à presque distinguer
Un signe toujours noir devant tes yeux porté
Par les pierres, les vents, les eaux et les feuillages.

Ainsi le soc déjà mordait la terre meuble
Et ton orgueil aima cette lumière neuve,
L'ivresse d'avoir peur sur la terre d'été.

Der schöne Sommer

Das Feuer nährte unsere Tage und reifte sie,
sein Stahl verwundete die Zeit mit jedem graueren Morgen,
der Wind stieß an den Tod auf dem Dach unserer Kammern,
die Kälte ließ nicht ab, unser Herz zu umschnüren.

Das war ein schöner Sommer, schal, erschlaffend und düster,
du liebtest die Sachtheit des Regens im Sommer
und du liebtest den Tod, der über dem Sommer
die Flagge seiner Aschenflügel schwenkte.

In jenem Jahr gelang dir's fast, vor deinen Augen
im Stein, im Wind, auf Wasser und im Laub getragen
ein immer schwarzes Zeichen zu erkennen.

So biß die Pflugschar schon in lockeres Erdreich,
und deinem Stolz gefiel dies neue Licht:
trunken vor Furcht zu sein auf der Erde des Sommers.

Souvent dans le silence d'un ravin
J'entends (ou je désire entendre, je ne sais)
Un corps tomber parmi des branches. Longue et lente
Est cette chute aveugle; que nul cri
Ne vient jamais interrompre ou finir.

Je pense alors aux processions de la lumière
Dans le pays sans naître ni mourir.

Oft in der Stille einer Schlucht
höre ich (oder wünsche zu hören, wer weiß)
einen Körper im Astwerk stürzen. Lang und langsam
ist dieser blinde Sturz; den nie ein Schrei
je unterbricht oder endet.

Ich denke dann, wie sich das Licht verströmt
in jenem Land, wo nicht geboren, nicht gestorben wird.

A une pauvreté

Tu sauras qu'il te tient dans l'âtre qui s'achève,
Tu sauras qu'il te parle, et remuant
Les cendres de ton corps avec le froid de l'aube,
Tu sauras qu'il est seul et ne s'apaise pas.

Lui qui a tant détruit; qui ne sait plus
Distinguer son néant de son silence,
Il te voit, aube dure, en ténèbre venir
Et longuement brûler sur le désert des tables.

Einer Armut

Du weißt, daß es im Herd dich hält, der auskühlt,
du weißt einst, daß es zu dir spricht; aufstörend
die Asche deines Leibes mit dem Frost der Frühe
weißt du dann, daß es allein ist und unstillbar.

Es, das soviel zerstörte; das sein Nichts
von seinem Schweigen nicht mehr unterscheidet,
es sieht dich, hartes Frühlicht, im Finstern nahn
und lange brennen auf den öden Tischen.

Le visage mortel

Le jour se penche sur le fleuve du passé,
Il cherche à ressaisir
Les armes tôt perdues,
Les joyaux de la mort enfantine profonde.

Il n'ose pas savoir
S'il est vraiment le jour
Et s'il a droit d'aimer cette parole d'aube
Qui a troué pour lui la muraille du jour.

Une torche est portée dans le jour gris.
Le feu déchire le jour.
Il y a que la transparence de la flamme
Amèrement nie le jour.

Das sterbliche Antlitz

Der Tag neigt über den Strom der Vergangenheit sich,
ergreifen wieder will er
die früh verlorenen Waffen,
die Kleinode des tiefen kindlichen Todes.

Er wagt nicht zu wissen,
ob er wahrhaft der Tag ist
und ob er dieses Frühwort lieben darf,
das die Mauer des Tages für ihn durchstieß.

Eine Fackel wird getragen in dem grauen Tag.
Das Feuer zerreißt den Tag.
Aber durchsichtig die Flamme verneint
bitter den Tag.

Il y a que la lampe brûlait bas,
Qu'elle penchait vers toi sa face grise,
Qu'elle tremblait, dans l'espace des arbres,
Comme un oiseau blessé chargé de mort.
– L'huile coulant aux ports de la mer cendreuse
Fera-t-elle rougir un dernier jour,
Le navire engagé dans l'angoisse des rives
Entrera-t-il enfin dans la salle du jour?

Ici la pierre est seule et d'âme vaste et grise
Et toi tus as marché sans que vienne le jour.

Aber schwach nur brannte die Lampe,
sie neigte dir ihr graues Antlitz zu,
sie zitterte im Raum der Bäume
wie verwundet ein Vogel schwer von Tod.
– Das Öl, das in die Häfen des Aschenmeeres fließt,
rötet es einstmals einen letzten Tag,
das Schiff, gefangen in der Angst der Ufer,
wird es einlaufen endlich in den Saal des Lichts?

Hier unabsehbar ist alles Stein und graue Seele
und du, du wandertest, doch Tag kam nicht.

Le pont de fer

Il y a sans doute toujours au bout d'une longue rue
Où je marchais enfant une mare d'huile,
Un rectangle de lourde mort sous le ciel noir.

Depuis la poésie
A séparé ses eaux des autres eaux,
Nulle beauté nulle couleur ne la retiennent,
Elle s'angoisse pour du fer et de la nuit.

Elle nourrit
Un long chagrin de rive morte, un pont de fer
Jeté vers l'autre rive encore plus nocturne
Est sa seule mémoire et son seul vrai amour.

Der eiserne Steg

Aber gewiß ist da immer am Ende einer langen Straße,
wo ich als Kind ging, eine Lache Öls,
ein Viereck schweren Todes unter schwarzem Himmel.

Seither hat die Dichtung
ihre Wasser gesondert von den anderen Wassern,
nicht Schönheit, keine Farbe hält sie,
sie ängstet um Eisen sich, um Nacht.

Sie nährt
lang einen Kummer toten Ufers, ein eiserner Steg,
der auf das andere, das noch nächtlichere Ufer führt,
ist einzig ihr Gedenken, ihre wahre Liebe.

Les guetteurs

I

Il y avait un couloir au fond du jardin,
Je rêvais que j'allais dans ce couloir,
La mort venait avec ses fleurs hautes flétries,
Je rêvais que je lui prenais ce bouquet noir.

Il y avait une étagère dans ma chambre,
J'entrais au soir,
Et je voyais deux femmes racornies
Crier debout sur le bois peint de noir.

Il y avait un escalier, et je rêvais
Qu'au milieu de la nuit un chien hurlait
Dans cet espace de nul chien, et je voyais
Un horrible chien blanc sortir de l'ombre.

Die Späher

I

Es war da ein Gang am Grund des Gartens,
mir träumte, daß ich in diesem Gang ging,
der Tod kam dort mit hohen welken Blumen,
mir träumte, daß ich diesen schwarzen Strauß ihm nahm.

Es war da ein Gestell in meinem Zimmer,
als ich abends eintrat,
sah ich zwei verdorrte Weiber,
die aufrecht keiften auf dem schwarzgestrichenen Holz.

Es war da eine Stiege, und mir träumte,
daß laut ein Hund dort heulte in der Nacht,
wo nie ein Hund war, und ich sah:
ein gräßlich weißer Hund trat aus dem Dunkel.

II

J'attendais, j'avais peur, je la guettais,
Peut-être enfin une porte s'ouvrait
(Ainsi parfois dans la salle durait
Dans le plein jour une lampe allumée,
Je n'ai jamais aimé que cette rive).

Était-elle la mort, elle ressemblait
A un port vaste et vide, et je savais
Que dans ses yeux avides le passé
Et l'avenir toujours se détruiraient
Comme le sable et la mer sur la rive,

Et qu'en elle pourtant j'établirais
Le lieu triste d'un chant que je portais
Comme l'ombre et la boue dont je faisais
Des images d'absence quand venait
L'eau effacer l'amertume des rives.

II

Ich wartete, ich hatte Angst vor ihr, ich lauerte,
vielleicht daß endlich eine Türe aufging
(und manchmal dauerte in dem Gemach
am lichten Tag noch angezündet eine Lampe,
ich habe immer dieses Ufer nur geliebt).

War sie der Tod? Sie glich wohl einem weiten
und leeren Hafen, und ich wußte:
In ihren aufgerissenen Augen würden
Gestern und Morgen immer sich zerstören
wie auf dem Ufer Sand und Meer,

Und dennoch würde ich in ihr den traurigen,
den Ort einrichten eines Liedes, das ich trug
wie Schmutz und Schatten, draus ich Bilder
des Mangels formte, wenn das Wasser
die Bitternis der Ufer tilgte.

La beauté

Celle qui ruine l'être, la beauté,
Sera suppliciée, mise à la roue,
Déshonorée, dite coupable, faite sang
Et cri, et nuit, de toute joie dépossédée
– O déchirée sur toutes grilles d'avant l'aube,
O piétinée sur toute route et traversée,
Notre haut désespoir sera que tu vives,
Notre cœur que tu souffres, notre voix
De t'humilier parmi tes larmes, de te dire
La menteuse, la pourvoyeuse du ciel noir,
Notre désir pourtant étant ton corps infirme,
Notre pitié ce cœur menant à toute boue.

Die Schönheit

Jene, die das Sein verdirbt, die Schönheit,
wird gemartert werden, gerädert,
entehrt, schuldig gesprochen, in Blut
und Schrei verkehrt und Nacht, und aller Freude beraubt.
– O Zerfetzte auf allen Gittern vor Tagesanbruch,
o Zerstampfte auf allen Straßen und Überfahrene,
unsre hohe Verzweiflung wird sein, daß du lebst,
unser Herz, daß du leidest, unsre Stimme,
dich zu demütigen in deinen Tränen, Lügnerin dich
zu heißen, die mit schwarzem Himmel uns sättigt:
unser Begehren dennoch bleibt dein schwacher Leib,
unser Erbarmen dies Herz, das in jeglichen Schmutz führt.

L'ordalie

I

J'étais celui qui marche par souci
D'une eau dernière trouble. Il faisait beau
Dans l'été le plus clair. Il faisait nuit
De toujours et sans borne et pour toujours.

Dans la glaise des mers
Le chrysanthème de l'écume et c'était toujours
La même odeur terreuse et fade de novembre
Quand je foulais le noir jardin des morts.

Il y avait
Qu'une voix demandait d'être crue, et toujours
Elle se retournait contre soi et toujours
Faisait de se tarir sa grandeur et sa preuve.

Das Ordal

I

Ich war der Wandernde in Sorge um
ein letztes trübes Wasser. Schön war das Wetter
im hellsten Sommer. Nacht war
seit immer und grenzenlos und für immer.

Im Lehm der Meere
die Chrysantheme des Schaumes und dies war immer
der gleiche fade Erdhauch des November,
wenn ich den schwarzen Garten trat der Toten.

Aber es war da
eine Stimme, die Glauben heischte, und immer
verkehrte sie sich gegen sich und immer
erwies sie im Versiegen ihre Größe.

II

Je ne sais pas si je suis vainqueur. Mais j'ai saisi
D'un grand cœur l'arme, enclose dans la pierre.
J'ai parlé dans la nuit de l'arme, j'ai risqué
Le sens et au delà du sens le monde froid.

Un instant tout manqua,
Le fer rouge de l'être ne troua plus
La grisaille du verbe,
Mais enfin le feu se leva,
Le plus violent navire
Entra au port.

Aube d'un second jour,
Je suis enfin venu dans ta maison brûlante
Et j'ai rompu ce pain où l'eau lointaine coule.

II

Ich weiß nicht, ob ich Sieger bin. Doch ich ergriff
mit großem Herzen die im Stein verschlossene Waffe.
Ich sprach in der Nacht der Waffe, ich wagte
den Sinn, und jenseits des Sinns die kalte Welt.

Für einen Augenblick
war alles Mangel,
der rote Stahl des Seins durchstieß nicht mehr
das Grau des Wortes.
Doch endlich stob das Feuer auf,
das heftigste Schiff
fuhr in den Hafen ein.

Frührot eines Zweiten Tages,
endlich betrat ich dein brennendes Haus
und brach das Brot, darin das ferne Wasser fließt.

L'imperfection est la cime

Il y avait qu'il fallait détruire et détruire et détruire,
Il y avait que le salut n'est qu'à ce prix.

Ruiner la face nue qui monte dans le marbre,
Marteler toute forme toute beauté.

Aimer la perfection parce qu'elle est le seuil,
Mais la nier sitôt connue, l'oublier morte,

L'imperfection est la cime.

Das Unvollkommene ist der Gipfel

Dies aber galt: zerstören und zerstören und zerstören,
kein Heil als nur um diesen Preis.

Das nackte Antlitz tilgen, das im Marmor steigt,
mit Hämmern alle Form zerschlagen, alle Schönheit.

Das Vollkommene lieben, weil es die Schwelle ist,
doch kaum erkannt es rasch verleugnen, tot es vergessen,

Das Unvollkommene ist der Gipfel.

L'orante est seule dans la salle basse très peu claire,
Sa robe a la couleur de l'attente des morts,
Et c'est le bleu le plus éteint qui soit au monde,
Écaillé, découvrant l'ocre des pierres nues.
L'enfance est seule, et ceux qui viennent sont obscurs,
Ils se penchent avec des lampes sur son corps.
Oh, dors-tu? Ta présence inapaisable brûle
Comme une âme, en ces mots que je t'apporte encor.

Tu es seule, tu as vieilli dans cette chambre,
Tu vaques aux travaux du temps et de la mort.
Vois pourtant, il suffit qu'une voix basse tremble
Pour que l'aube ruisselle aux vitres du temps mort.

Veneranda

Die Beterin ist allein in kaum erhellter, niederer Kammer,
ihr Gewand hat die Farbe der Erwartung der Toten,
und dies ist das erloschenste Blau, das es gibt,
schilfernd, den Ocker der nackten Steine entblößend.
Die Kindheit ist allein, und die kommen, sind dunkel,
sie beugen mit Lampen sich über ihren Leib.
Oh, du schläfst? Deine unstillbare Gegenwart brennt
wie eine Seele, in diesen Worten, die ich dir noch bringe.

Du bist allein, du bist gealtert in diesem Gemach,
du verrichtest die Werke der Zeit und des Todes.
Sieh doch: es genügt, daß eine leise Stimme bebt,
und Frührot rieselt über das Fenster der toten Zeit.

J'entretenais un feu dans la nuit la plus simple,
J'usais selon le feu de mots désormais purs,
Je veillais, Parque claire et d'une Parque sombre
La fille moins anxieuse au rivage des murs.

J'avais un peu de temps pour comprendre et pour être,
J'étais l'ombre, j'aimais de garder le logis,
Et j'attendais, j'étais la patience des salles,
Je savais que le feu ne brûlait pas en vain …

Eine Stimme

Ich unterhielt ein Feuer in der einfachsten Nacht,
ich brauchte, dem Feuer folgsam, künftig reine Worte,
ich wachte, helle Parze und einer düstren Parze
minder ängstliche Tochter am Gestade der Mauern.

Ich hatte ein wenig Zeit um zu begreifen und zu sein,
ich war der Schatten, ich liebte es, das Haus zu hüten,
und ich wartete, ich war das Gedulden der Kammern,
ich wußte, daß das Feuer nicht vergeblich brennt …

Veneranda

I

Il vient, il est le geste d'une statue,
Il parle, son empire est chez les morts,
Il est géant, il participe de la pierre,
Elle-même le ciel de colère des morts.

Il saisit. Il attire et tient sur son visage,
Lampe qui brûlera dans le pays des morts,
L'infirme corps criant et ployé de l'orante,
Il le protège de l'angoisse et de la mort.

II

Il se penche. Désert selon quelque autre cendre
Que soient ses mains guidant l'impatience du feu.
Il forme de ses mains la salle aux vitres d'ombre
Où se déchirera la rosace du feu.

Il se penche sur elle. Et grave dans l'effort
Étant sa face grise adorante du feu,
Il touche de son sang les dents de la pleureuse,
Froides, larges, ouvertes aux violences du feu.

Veneranda

I

Er kommt, er ist Gebärde eines Standbilds,
er spricht, sein Reich ist bei den Toten,
er ist Riese, hat teil am Stein,
an dem steinernen Zorn-Himmel der Toten.

Er greift. Er hebt und hält sich vors Gesicht,
Lampe, die brennen wird im Land der Toten,
den winzigen, den schreiend krummen Leib der Beterin,
er schirmt ihn vor der Angst und vor dem Tod.

II

Er neigt sich. Wüste wären unter andrer Asche,
die jetzt die Ungeduld des Feuers lenken, seine Hände.
Er formt mit seinen Händen das Gemach, an dessen Fenster
die Feuerrose sich zerreißen wird.

Er neigt sich über sie. Und ernst mit aller Kraft
sein graues Antlitz ganz Anbetung vor dem Feuer,
rührt er mit seinem Blut der Weinenden die Zähne an,
die kalten, breiten, den Gewaltsamkeiten des Feuers offenen.

III

Il vient, et c'est vieillir. Parce qu'il te regarde,
Il regarde sa mort qui se déclare en toi.
Il aime que ce bien que tu es le menace,
Regarde-le dormir sous tes grands arbres froids.

Il a confiance, il dort. Arbre de peu d'alarme
Que soit ton cœur anxieux de ne l'éveiller pas.
– Arbre où viendra le nom et l'œuvre de la flamme
Sur l'échafaud d'un corps qui ne tremblera pas.

III

Er kommt, und dies heißt altern. Weil er dich ansieht,
sieht er seinen Tod, der in dir aufbricht.
Er liebt es, daß dies Gut ihn, das du bist, bedroht,
sieh, wie er unter deinen großen kalten Bäumen schläft.

Er hat Vertraun, er schläft. Und Baum geringer Ängste
sei besorgt dein Herz, ihn nicht zu wecken.
– Baum, wo der Name und das Werk der Flamme sein wird
über der Richtstatt eines unverzagten Leibes.

Ortie, ô proue de ce rivage où il se brise,
O debout glacée dans le vent,
Fais-moi le signe de présence, ô ma servante
En robe noire écaillée.

O pierre grise,
S'il est vrai que tu aies la couleur du sang,
Émeus-toi de ce sang qui te traverse,
Ouvre-moi le port de ton cri,

Qu'en toi je vienne vers lui
Qui fait semblant de dormir
La tête close sur toi.

Eine Stimme

Nessel, o Bug dieses Gestades, wo er sich bricht,
o eisige aufrecht im Wind,
winke mir Wink der Gegenwart, o meine Magd
im schwarzen schilfernden Kleid.

O grauer Stein,
wenn es wahr ist, daß du des Blutes Farbe hast,
erschaudre doch von diesem Blut, das in dir fließt,
eröffne mir den Hafen deines Schreis,

Daß ich in dir ihm nahe,
der sich stellt, als schliefe er
auf dir verschloßnen Hauptes.

Il se sépare d'elle, il est une autre terre,
Rien ne réunira ces globes étrangers
Et même pas ce feu qui imite dans l'âtre
Le feu plus grand qui luit sur les mondes déserts.
Comme il importe peu qu'un homme ait eu passage
Dans la pierre, ou rompu les plus antiques fers!
Longue fut cette nuit. Et tant d'années
Auront tourné sur le jardin sombre des mers.

Er trennt sich von ihr, er ist eine andere Erde,
nichts wird diese fremden Sterne wieder gesellen,
selbst dieses Feuer nicht im Herde, das dem größeren Feuer
nacheifert, das den öden Welten leuchtet.
Wie wenig gilt es, daß ein Mensch den Weg
im Stein fand, oder brach die ältesten Ketten!
Lang war diese Nacht. Und soviel Jahre kreisten
über dem düsteren Garten der Meere.

Toute la nuit

Toute la nuit la bête a bougé dans la salle,
Qu'est-ce que ce chemin qui ne veut pas finir,
Toute la nuit la barque a cherché le rivage,
Qu'est-ce que ces absents qui veulent revenir,

Toute la nuit l'épée a connu la blessure,
Qu'est-ce que ce tourment qui ne sait rien saisir,
Toute la nuit la bête a gémi dans la salle,
Ensanglanté, nié la lumière des salles,
Qu'est-ce que cette mort qui ne va rien guérir?

Die ganze Nacht

Die ganze Nacht hat das Tier sich gewälzt in der Kammer,
was ist das für ein Weg, der nie ein Ende nimmt,
die ganze Nacht hat der Nachen das Ufer gesucht,
was sind das für Abwesende, die wiederkehren wollen,

die ganze Nacht hat das Schwert die Wunde erkannt,
was ist das für eine Qual, die nichts zu fassen weiß,
die ganze Nacht hat das Tier geächzt in der Kammer,
mit seinem Blut erstickt, verneint das Licht der Kammern,
was ist das für ein Tod, der keine Heilung bringt?

Tu te coucheras sur la terre simple,
De qui tenais-tu qu'elle t'appartînt?

Du ciel inchangé l'errante lumière
Recommencera l'éternel matin.

Tu croiras renaître aux heures profondes
Du feu renoncé, du feu mal éteint.

Mais l'ange viendra de ses mains de cendre
Apaiser l'ardeur du jour enfantin.

Du wirst dich betten auf die einfache Erde,
wer sagte dir, sie sei dein Eigen?

Frei im wandellosen Himmel das Licht
wird wieder ein ewiger Morgen steigen.

Da ist dir, es gebäre zu tiefen Stunden dich
das Feuer, dem du entsagtest, das schlecht gelöschte.

Mit seinen Aschenhänden aber der Engel dämpft
den Eifer des kindlichen Lichts.

La mémoire

Il y a que les doigts s'étaient crispés,
Ils tenaient lieu de mémoire,
Il a fallu desceller les tristes forces gardiennes
Pour jeter l'arbre et la mer.

Die Erinnerung

Die Finger waren gekrümmt,
waren statt der Erinnerung,
es galt die traurigen Haltekräfte zu sprengen,
daß sie den Baum losließen und das Meer.

Le chant de sauvegarde

Que l'oiseau se déchire en sables, disais-tu,
Qu'il soit, haut dans son ciel de l'aube, notre rive.
Mais lui, le naufragé de la voûte chantante,
Pleurant déjà tombait dans l'argile des morts.

Lied der Schirmung

Der Vogel zerreiße zu Sand sich, sagtest du,
er sei in seinem Frühlicht-Himmel hoch unsere Küste.
Er aber, in singender Wölbung gescheitert,
sank weinend schon zum Lehm der Toten.

L'oiseau m'a appelé, je suis venu,
J'ai accepté de vivre dans la salle
Mauvaise, j'ai redit qu'elle était désirable,
J'ai cédé au bruit mort qui remuait en moi.

Puis j'ai lutté, j'ai fait que des mots qui m'obsèdent
Paraissent en clarté sur la vitre où j'eus froid.
L'oiseau chantait toujours de voix noire et cruelle,
J'ai détesté la nuit une seconde fois,

Et j'ai vieilli – passion désormais, âpre veille,
J'ai fait vivre un silence où je me suis perdu.
Plus tard j'ai entendu l'autre chant, qui s'éveille
Au fond morne du chant de l'oiseau qui s'est tu.

Der Vogel rief mich, ich kam,
ich weigerte mich nicht, im Schlechten
zu wohnen, nannte es begehrenswert, ich folgte
dem toten Lärm, der in mir umging.

Dann wehrte ich mich, bannte, was mich quält,
in klaren Worten auf das Fenster, wo ich fror.
Grausam der Vogel sang mit schwarzer Stimme immer,
die Nacht ward mir ein zweites Mal verhaßt.

Und ich ward älter – inbrünstig bitterwach
hielt ich ein Schweigen aus, in das ich mich verlor.
Später hörte ich das andre Lied: es erwachte
am trüben Grunde des verstummten Vogelrufs.

Le feuillage éclairé

I

Dis-tu qu'il se tenait sur l'autre rive,
Dis-tu qu'il te guettait à la fin du jour?

L'oiseau dans l'arbre de silence avait saisi
De son chant vaste et simple et avide nos cœurs,
Il conduisait
Toutes voix dans la nuit où les voix se perdent
Avec leurs mots réels,
Avec le mouvement des mots dans les ramures
Pour appeler encor, pour aimer vainement
Tout ce qui est perdu,
Le haut vaisseau chargé de douleur entraînait
Toute ironie loin de notre rivage,
Il était l'ange de quitter la terre d'âtres et de lampes
Et de céder au goût d'écume de la nuit.

Erhelltes Laubwerk

I

Sprachst du, er weile auf dem anderen Ufer,
sprachst du, er harre deiner am Ende des Tages?

Der Vogel im Baum des Schweigens, wie griff sein
gerader Ruf, seine singende Gier uns ans Herz,
er führte
alle Stimmen in die Nacht, wo sich die Stimmen
mit ihren wirklichen Worten verlieren,
mit der Bewegung noch von Worten in den Zweigen,
dort zu rufen noch, vergeblich
zu lieben alles, was verloren ist,
das hohe schmerzbeladene Schiff nahm allen zarten Spott
von unserem Strande mit sich fort,
es war der Engel, der vom Lande der Herde und der Lampen
abstieß und folgte dem Schaumgeschmack der Nacht.

II

La voix était d'ironie pure dans les arbres,
De distance, de mort,
De descellement d'aubes loin de nous

Dans un lieu refusé. Et notre port
Était de glaise noire. Nul vaisseau
N'y avait jamais fait le signe de lumière,
Tout commençait avec ce chant d'aube cruelle,
Un délivrant espoir, une vraie pauvreté.

C'était comme en labour de terre difficile
L'instant nu, déchiré
Où l'on sent que le fer trouve le cœur de l'ombre
Et invente la mort dans la terre d'été.

III

Mais dans les arbres,
Dans la flamme des fruits à peine aperçue,
L'épée du rouge et du bleu
Durement maintenait la première blessure,
L'habitée jadis et perdue avec la nuit.

L'ange de vivre ici, le tard venu,
Se déchirait comme une robe dans les arbres,
Ses jambes de feuillage sous les lampes
Paraissaient par matière et mouvement et nuit.

II

Die Stimme sang reinen Spott in den Bäumen,
sang Abstand, Tod,
entsiegelte Morgenröten fern von uns

An verweigerter Stätte. Und unser Hafen
war schwarzer Lehm. Kein Schiff
gab je ein helles Zeichen dort.
Alles begann mit diesem Lied grausamen Frühlichts,
ein befreiendes Hoffen, eine wahre Armut.

Dies war, wie wenn einer störrisches Erdreich umbricht,
der nackte Augenblick, klaffend,
wo man spürt: das Eisen hat das Herz des Dunkels
getroffen
und erfindet den Tod in der Erde des Sommers.

III

In den Bäumen aber,
in der kaum erblickten Flamme der Früchte
hielt hart das Schwert des Roten und Blauen
die erste Wunde offen,
die einst bewohnte und verlorene mit der Nacht.

Der Engel, der spät im Hier zu leben kam,
zerriß wie ein Kleid in den Bäumen,
regsam seine Schenkel unter den Lampen
schienen im Blattwerk aus Materie und Nacht.

IV

Il est la terre, elle l'obscure, où tu dois vivre,
Tu ne dois pas nier les dalles du séjour,
Ton ombre doit s'étendre auprès d'ombres mortelles
Sur les dalles où vient et ne vient pas le jour.

Il est la terre d'aube. Où une ombre essentielle
Voile toute lumière et toute vérité.
Mais même en lieu d'exil on a aimé la terre
Puisqu'il est vrai que rien ne peut rompre l'amour.

IV

Er ist die Erde, sie die dunkle, die du lieben sollst,
du sollst den Estrich nicht verleugnen deiner Welt,
dein Schatten strecke sterblich sich zu andern Schatten
auf diesen Estrich, wo der Tag kommt und kommt nicht.

Er ist die Frührot-Erde. Wo ein wesenhafter Schatten
auf jedes Licht und jede Wahrheit fällt.
Doch im Exil auch hat man sie geliebt, die Erde,
wahr nämlich bleibt, daß nichts die Liebe bricht.

L'infirmité du feu

Le feu a pris, il est le destin des branches,
Il va toucher leur cœur de pierraille et de froid,
Lui qui venait au port de toute chose morte,
Aux rives de matière il se reposera.

Il brûlera. Mais tu le sais, en pure perte,
L'espace d'un sol nu sous le feu paraîtra,
L'étoile d'un sol noir sous le feu s'étendra,
L'étoile de la mort éclairera nos routes.

Il vieillira. Le gué où buissonnent les ombres
Connaîtra son passage aux limites du froid.
L'Idée aussi franchit la matière qu'elle use
Et renonce à ce temps qu'elle ne sauve pas.

Die Hinfälligkeit des Feuers

Das Feuer ging auf; Schicksal der Zweige,
wird es ihr Herz aus Stein und Frost erreichen;
das zu dem Hafen jedes toten Dinges kam,
wird an den Ufern der Materie ausruhn.

Und brennen wird es. Doch, du weißt es, ganz umsonst,
die Fläche eines nackten Bodens wird erscheinen unter
dem Feuer,
der Stern des schwarzen Bodens sich erstrecken unter
dem Feuer,
der Stern des Todes wird unsere Wege erhellen.

Und es wird altern. Die Furt, wo wie Gesträuch
sich die Schatten drängen,
kennt seinen Durchgang dann an den Grenzen der Kälte.
Der Geist auch hebt sich aus dem Stoff, den er verbraucht,
und tut Verzicht auf diese Zeit, die er nicht rettet.

Tu entendras
Un grave cri d'oiseau comme une épée
Sur la paroi de l'inquiète montagne,
Et tu sauras qu'un signe fut gravé
Sur la garde, au lieu d'espérance et de lumière.
Tu paraîtras
Sur le parvis du cri de l'oiseau chancelant,
C'est ici que prend fin l'attente, comprends-tu,
Ici dans l'herbe ancienne tu verras
Briller le glaive nu qu'il te faudra saisir.

Hören wirst du
ernst einen Vogelruf wie ein Schwert
an der Wand des Gebirges der Angst,
und wissen wirst du, daß ein Zeichen geritzt ward
auf das Heft, an die Stelle der Hoffnung und des Lichtes.
Erscheinen wirst du
im Vorhof dieses Schreis eines taumelnden Vogels,
hier hat das Warten ein Ende, versteh,
hier im altgewurzelten Gras wirst du das nackte Schwert
aufblitzen sehn, das du ergreifen sollst.

A la voix de Kathleen Ferrier

Toute douceur toute ironie se rassemblaient
Pour un adieu de cristal et de brume,
Les coups profonds du fer faisaient presque silence,
La lumière du glaive s'était voilée.

Je célèbre la voix mêlée de couleur grise
Qui hésite aux lointains du chant qui s'est perdu
Comme si au delà de toute forme pure
Tremblât un autre chant et le seul absolu.

O lumière et néant de la lumière, ô larmes
Souriantes plus haut que l'angoisse ou l'espoir,
O cygne, lieu réel dans l'irréelle eau sombre,
O source, quand ce fut profondément le soir!

Il semble que tu connaisses les deux rives,
L'extrême joie et l'extrême douleur.
Là-bas, parmi ces roseaux gris dans la lumière,
Il semble que tu puises de l'éternel.

Auf die Stimme der Kathleen Ferrier

Alle Süße, aller zärtliche Spott vereinigten
zu einem Lebewohl sich aus Kristall und Nebel,
die tiefen Schläge des Eisens waren fast verstummt,
das Licht des Schwertes hatte sich verhüllt.

Ich feiere die Stimme, in die ein Grau sich mischt,
die in den Fernen des Liedes zaudert, das sich verlor,
als zittre jenseits jeder reinen Form
ein anderes Lied und das einzig wahre.

O Licht und Nichts des Lichtes, o Tränen,
ihr Angst und Hoffnung überlächelnden, o Schwan,
wirklicher Ort im unwirklichen düsteren Wasser,
o Quelle, als es tiefer Abend war!

Es scheint du kennst die beiden Ufer,
äußerste Freude und äußerster Schmerz.
Dort, zwischen grauem Röhricht fern im Licht,
scheint es, du schöpfest Ewiges.

L'aube passe le seuil, le vent s'est tu,
Le feu enclos dans la laure des ombres.

Terre des bouches froides, ô criant
Le plus vieux deuil par tes secrètes clues,
L'aube va refleurir sur tes yeux de sommeil,
Découvre-moi souillé ton visage d'orante.

Erde der ersten Frühe

Das Frühlicht tritt über die Schwelle, der Wind verstummte,
das Feuer verschloß sich in die Klause der Schatten.

Erde der kalten Münder, o dein Schrei
ältester Trauer aus verborgenen Klüften,
auf deinen Schlafaugen wieder wird das Frührot erblühn,
entdecke verschmutzt mir dein betendes Antlitz.

Le ravin

Il y a qu'une épée était engagée
Dans la masse de pierre.
La garde était rouillée, l'antique fer
Avait rougi le flanc de la pierre grise.
Et il fallait que tu oses saisir
Dans tes mains l'âpre garde, et arracher
A sa gangue de nuit la flamme obscure.
Des mots étaient gravés dans le sang de la pierre,
Ils disaient le chemin de connaître et mourir.

Entre dans le ravin d'absence, éloigne-toi,
C'est ici en pierrailles qu'est le port.
Un chant d'oiseau
Te le désignera sur la nouvelle rive.

Die Schlucht

Ein Schwert war da
ganz in den Stein versenkt.
Verrostet war das Heft, die alte Klinge hatte
die Flanke des grauen Steins gerötet.
Und dir war aufgetragen, mit deinen Händen
das harsche Heft zu fassen, und ihrem nächtlichen Schacht
die dunkle Flamme zu entreißen.
Worte waren eingegraben in das Blut des Steines,
die kündeten den Weg dir der Erkenntnis und des Todes.

Betritt die Schlucht der Abwesenheit, geh fort,
hier im Gestein ist der Hafen.
Ein Vogelsang
wird auf dem neuen Ufer ihn dir bezeichnen.

Phénix parlant au feu, qui est destin
Et paysage clair jetant ses ombres,
Je suis celui que tu attends, dit-il,
Je viens me perdre en ton grave pays.

Il regarde le feu. Comment il vient,
Comment il s'établit dans l'âme obscure
Et quand l'aube paraît à des vitres, comment
Le feu se tait, et va dormir plus bas que feu.

Il le nourrit de silence. Il espère
Que chaque pli d'un silence éternel,
En se posant sur lui comme le sable,
Aggravera son immortalité.

Die Ewigkeit des Feuers

Der Phönix zu dem Feuer redend, das Schicksal ist
und lichte Landschaft, Schatten werfende,
ich bin der, den du erwartest, sagt er,
ich komme, daß ich mich in deinem ernsten Land verliere.

Er schaut das Feuer. Wie es ausbricht,
wie es sich aufreckt in der dunklen Seele,
und wenn das Frührot steigt im Fenster, wie das Feuer
verstummt und, hingeducktes Feuer, sich schlafen legt.

Mit Schweigen nährt er es. Er hofft,
daß jede Falte eines ewigen Schweigens,
sacht wie Sand es deckend,
seine Untersterblichkeit steigert.

Tu sauras qu'un oiseau a chanté, plus haut
Que tout arbre réel, plus simplement
Que toute voix dans nos tristes ramures,
Et tu demanderas de quitter le port
De ces arbres d'ici, de pierre ou cendre.
Tu marcheras,
Tes pas seront de boue et nuit, de terre obscure
Et lui taira son chant de rive en rive, étant
La passion qui te sauve et qui te perd.

Wissen wirst du, daß ein Vogel sang, höher
als jeder wirkliche Baum, reiner
als jede Stimme in unsren kläglichen Zweigen,
und bitten wirst du, den Hafen verlassen zu dürfen
dieser hiesigen Bäume, die Stein sind oder Asche.
Schreiten wirst du,
deine Schritte werden Schmutz und Nacht sein, dunkle Erde,
und das Lied wird verstummen von Ufer zu Ufer, denn
die Inbrunst singt es, die dich rettet und zerstört.

A une terre d'aube

Aube, fille des larmes, rétablis
La chambre dans sa paix de chose grise
Et le cœur dans son ordre. Tant de nuit
Demandait à ce feu qu'il décline et s'achève,
Il nous faut bien veiller près du visage mort.
A peine a-t-il changé … Le navire des lampes
Entrera-t-il au port qu'il avait demandé,
Sur les tables d'ici la flamme faite cendre
Grandira-t-elle ailleurs dans une autre clarté?
Aube, soulève, prends le visage sans ombre,
Colore peu à peu le temps recommencé.

Einer Frühlicht-Erde

Dämmerung, Tochter der Tränen, gib
dem Zimmer seinen grauen Frieden wieder
und seine Ordnung dem Herzen. Soviel Nacht
bat dieses Feuer, daß es abnehme und endige,
nun gilt es, Wacht zu halten bei dem toten Angesicht.
Kaum daß es sich verändert hat ... Das Schiff der Lampen,
wird es einlaufen in den Hafen, den es erbeten,
auf Tischen hier, die zu Asche ward, die Flamme,
wird sie aufsteigen anderswo in einer anderen Helle?
Dämmerung, erhebe, zeige das schattenlose Angesicht
und langsam färbe uns den Neubeginn der Zeit.

Une voix

Écoute-moi revivre dans ces forêts
Sous les frondaisons de mémoire
Où je passe verte,
Sourire calciné d'anciennes plantes sur la terre,
Race charbonneuse du jour.

Écoute-moi revivre, je te conduis
Au jardin de présence,
L'abandonné au soir et que des ombres couvrent,
L'habitable pour toi dans le nouvel amour.

Hier régnant désert, j'étais feuille sauvage
Et libre de mourir,
Mais le temps mûrissait, plainte noire des combes,
La blessure de l'eau dans les pierres du jour.

Eine Stimme

Hör mich leben wieder in diesen Wäldern
unter dem Laub der Erinnerung,
wo ich hinstreife, grün,
verbranntes Lächeln irdischer Pflanzen von einst,
verkohlter Ursprung des Lichts.

Hör mich leben wieder, ich leite dich
in den Garten »Gegenwart«,
den verlassenen abends und den die Schatten decken,
und bewohnbar dir in der neuen Liebe.

Wo gestern Wüste herrschte, war ich wildes Blatt
und frei zu sterben,
doch es reifte die Zeit eine schwarze Klage der Schluchten:
die Wunde des Wassers in den Steinen des Lichts.

Oh, quel feu dans le pain rompu, quelle aube
Pure dans les étoiles affaiblies!
Je regarde le jour venir parmi les pierres,
Tu es seule dans sa blancheur vêtue de noir.

Veneranda

Oh, welches Feuer in dem Brot, das man bricht, welch reines
Frühlicht in den schwächeren Sternen!
Ich seh den Tag herschreiten zwischen den Steinen,
du nur in seiner Weiße trägst ein schwarzes Kleid.

Bien des astres ont franchi
La terre toujours niable,
Mais toi tu as gardé pure
Une antique liberté.

Es-tu végétale, tu
As des arbres la patience
D'être ici liée, mais libre
Parmi les vents les plus hauts.

Et comme naître impatient
Bouleverse le sol,
Toi de tes yeux tu dénies
Le poids des glaises d'étoiles.

Manches Gestirn überstieg
die immer verneinbare Erde,
du aber hast dir rein bewahrt
eine unvordenkliche Freiheit,

Du Pflanzenhafte, denn du hast
wie Bäume die Geduld, hier
gebunden zu sein und frei doch
zwischen den höchsten Winden.

Und wie Geburt unduldsam
den Boden sprengt, so
verneinst mit deinen Augen du
die Last der Sternen-Schollen.

Apaisé maintenant, te souviens-tu
D'un temps où nous luttions à grandes armes,
Que restait-il
Dans nos cœurs qu'un désir de nous perdre, infini?

Nous n'avions pas franchi
La seule grille au soir ou sagesse de vivre
Qui est dans la grisaille et l'acanthe des morts.

Nous n'avions pas aimé
Le feu de longue nuit, l'inlassable patience
Qui fait aube pour nous de tout branchage mort.

Besänftigt nun, gedenkst du
der Zeit noch, da wir mit großen Waffen kämpften,
was blieb in unsern Herzen
als, endlos, eine Begierde, uns zu verlieren?

Wir hatten nicht durchschritten
die einzige Pforte im Abend oder Weisheit des Lebens,
die in der Grauheit ist und dem Akanthus der Toten.

Wir hatten nicht geliebt
das Feuer langer Nacht, die unermüdbare Geduld,
die uns ein Frührot weckt aus jedem dürren Reisig.

L’étoile sur le seuil. Le vent, tenu
Dans les mains immobiles de la mort.
La parole et le vent furent de longue lutte,
Puis le silence vint dans le calme du vent.

Le pays découvert était de pierre grise.
Très bas, très loin gisait l’éclair d’un fleuve nul.
Mais les pluies de la nuit sur la terre surprise
Ont réveillé l’ardeur que tu nommes le temps.

Der Stern auf der Schwelle. Der Wind gehalten
von reglosen Händen des Todes.
Wort und Wind waren lange ein Streit,
dann kam das Schweigen mit der Stille des Windes.

Das Land, das wir entdeckten, war aus grauem Stein.
Sehr niedrig lag, sehr fern der Blitz eines nichtigen Flusses.
Die Regen aber, die zur Nacht die Erde überraschten,
haben die Inbrunst geweckt, die du die Zeit nennst.

Ici l'inquiète voix consent d'aimer
La pierre simple,
Les dalles que le temps asservit et délivre,
L'olivier dont la force a goût de sèche pierre.

Le pas dans son vrai lieu. L'inquiète voix
Heureuse sous les roches du silence,
Et l'infini, l'indéfini répons
Des sonnailles, rivage ou mort. De nul effroi
Était ton gouffre clair, Delphes du second jour.

Delphi des Zweiten Tages

Hier willigte die ruhelose Stimme ein,
den bloßen Stein zu lieben,
den Estrich, den die Zeit verknechtet und befreit,
den Ölbaum, dessen Kraft nach trockenem Gestein schmeckt.

Der Schritt an seinem wahren Ort. Die ruhelose Stimme
glücklich unter den Felsen der Stille,
und unendlich, unaufhörlich die Responsorien
der Herdenglocken, Küste oder Tod. Kein Schrecken war
in deinem lichten Abgrund, Delphi des Zweiten Tages.

Ici, dans le lieu clair. Ce n'est plus l'aube,
C'est déjà la journée aux dicibles désirs.
Des mirages d'un chant dans ton rêve il ne reste
Que ce scintillement de pierres à venir.

Ici, et jusqu'au soir. La rose d'ombres
Tournera sur les murs. La rose d'heures
Défleurira sans bruit. Les dalles claires
Mèneront à leur gré ces pas épris du jour.

Ici, toujours ici. Pierres sur pierres
Ont bâti le pays dit par le souvenir.
A peine si le bruit de fruits simples qui tombent
Enfièvre encore en toi le temps qui va guérir.

Hier, immer hier

Hier, am lichten Ort. Dies ist nicht Frühe mehr,
dies ist schon der Tag voll sagbarer Wünsche.
Von allen Lockungen des Liedes in deinem Traum
bleibt nur dies Gleißen künftiger Steine.

Hier, bis zum Abend. Auf den Mauern wird die Rose
der Schatten kreisen. Lautlos wird die Rose
der Stunden verblühn. Die hellen Fliesen werden
nach ihrem Willen diese lichtverliebten Schritte lenken.

Hier, immer hier. Steine auf Steinen haben
dies Land gebaut, das die Erinnerung nannte.
Kaum daß vom Laut geringer Früchte, wenn sie fallen,
die Zeit noch in dir fiebert, die nun heilen wird.

La voix de ce qui a détruit
Sonne encor dans l'arbre de pierre,
Le pas sur la porte ordinaire
Peut encor refuser la nuit.

D'où vient l'Œdipe qui passe?
Cependant il a gagné.
Une sagesse immobile
Devant lui a succombé.

Le Sphinx qui se tait demeure
Dans le sable de l'Idée.
Le Sphinx qui parle se déforme
A l'informe Œedipe livré.

Stimme derer, die uns verdarb,
tönt noch im Baum aus Stein.
Trat wer zur Tür herein,
verwirft er draußen die Nacht.

Woher der Rätselrater,
der vorbeikommt? Er gewann.
Starr lag im Sand eine Weisheit,
die auf sein Wort zersprang.

Im reinen Geiste die Sphinx
bleibt, wenn sie schweigt.
Der sie zu reden zwingt,
unfertig ein Mensch, fertigt sie ab.

Je suis comme le pain que tu rompras,
Comme le feu que tu feras, comme l'eau pure
Qui t'accompagnera sur la terre des morts.

Comme l'écume
Qui a mûri pour toi la lumière et le port.

Comme l'oiseau du soir, qui efface les rives,
Comme le vent du soir soudain plus brusque et froid.

Die gleiche Stimme, immer

Ich bin wie das Brot, das du brechen,
wie das Feuer, das du entfachen wirst, wie das reine
Wasser, das dich begleiten wird auf der Erde der Toten.

Wie der Schaum,
der dir das Licht gereift hat und den Hafen.

Wie der Abendvogel, der die Ufer löscht,
wie der Abendwind, der plötzlich heftiger weht und kalt.

L'oiseau des ruines

L'oiseau des ruines se sépare de la mort,
Il nidifie dans la pierre grise au soleil,
Il a franchi toute douleur, toute mémoire,
Il ne sait plus ce qu'est demain dans l'éternel.

Der Vogel in den Trümmern

Der Vogel in den Trümmern trennt vom Tod sich,
er nistet im grauen Stein an der Sonne,
er ist dem Schmerz entrückt und dem Erinnern,
er kennt kein Morgen mehr im Ewigen.

Pierre écrite

Thou mettest with things dying;
I with things new born.
Le conte d'hiver

Beschriebener Stein

Thou mettest with things dying;
I with things new born.
Das Wintermärchen

L'été de nuit

L'été de nuit

I

Il me semble, ce soir,
Que le ciel étoilé, s'élargissant,
Se rapproche de nous; et que la nuit,
Derrière tant de feux, est moins obscure.

Et le feuillage aussi brille sous le feuillage,
Le vert, et l'orangé des fruits mûrs, s'est accru,
Lampe d'un ange proche; un battement
De lumière cachée prend l'arbre universel.

Il me semble, ce soir,
Que nous sommes entrés dans le jardin, dont l'ange
A refermé les portes sans retour.

Der Sommer nächtens

Der Sommer nächtens

I

Mir ist, heute abend,
als weite der Sternenhimmel sich, als komme
er uns näher; und als erhelle
hinter so vielen Feuern das Dunkel der Nacht sich.

Und das Laub auch schimmert unter dem Laub,
das Grün, das Orange der reifen Früchte leuchtet stärker,
eines nahen Engels Lampe; ein Pochen
verborgenen Lichtes pulst durch den Weltenbaum.

Mir ist, heute abend,
als hätten wir den Garten betreten, dessen Pforten
der Engel unwiderruflich schloß.

II

Navire d'un été,
Et toi comme à la proue, comme le temps s'achève,
Dépliant des étoffes peintes, parlant bas.

Dans ce rêve de mai,
L'éternité montait parmi les fruits de l'arbre
Et je t'offrais le fruit qui illimite l'arbre
Sans angoisse ni mort, d'un monde partagé.

Vaguent au loin les morts au désert de l'écume,
Il n'est plus de désert puisque tout est en nous
Et il n'est plus de mort puisque mes lèvres touchent
L'eau d'une ressemblance éparse sur la mer.

O suffisance de l'été, je t'avais pure
Comme l'eau qu'a changée l'étoile, comme un bruit
D'écume sous nos pas d'où la blancheur du sable
Remonte pour bénir nos corps inéclairés.

II

Schiff eines Sommers,
und du wie auf dem Bug, da die Zeit innehält,
bemalte Stoffe entfaltend, leise sprechend.

In diesem Traum des Mai
stieg zwischen den Früchten des Baumes die Ewigkeit,
und ich bot dir die Frucht, die den Baum entgrenzt,
angstlos, todlos, einer geteilten Welt.

Fern treiben die Toten in der Wüste des Schaumes,
und da ist keine Wüste mehr, denn alles ist in uns,
und ist kein Tod mehr, denn meine Lippen berühren
das Wasser einer übers Meer verteilten Ähnlichkeit.

O Genüge des Sommers, rein warst du mein
wie das Wasser, das der Stern verwandelte, wie ein Knistern
des Schaumes unter unsern Schritten, wo die Weiße des Sandes
aufsteigt, um sie zu segnen, unsre unerhellten Körper.

III

Le mouvement
Nous était apparu la faute, et nous allions
Dans l'immobilité comme sous le navire
Bouge et ne bouge pas le feuillage des morts.

Je te disais ma figure de proue
Heureuse, indifférente, qui conduit,
Les yeux à demi-clos, le navire de vivre
Et rêve comme il rêve, étant sa paix profonde,
Et s'arque sur l'étrave où bat l'antique amour.

Souriante, première, délavée,
A jamais le reflet d'une étoile immobile
Dans le geste mortel.
Aimée, dans le feuillage de la mer.

III

Die Bewegung
schien uns das Falsche, und wir gingen
in der Unbeweglichkeit, wie unter dem Schiff
das Laub der Toten sich regt und nicht regt.

Ich nannte dich meine Gallionsfigur,
glücklich, gleichmütig, die
halbgeschloßnen Auges das Schiff des Lebens führt,
träumend wie es träumt, sein tiefer Friede,
und wölbt sich auf dem Vordersteven, wo von alters die
Liebe pocht.

Lächelnd, ein Erstling, gewaschen,
auf immer der Widerschein eines reglosen Sternes
in der sterblichen Gebärde.
Geliebte, im Laubwerk des Meeres.

IV

Terre comme gréée,
Vois,
C'est ta figure de proue,
Tachée de rouge.

L'étoile, l'eau, le sommeil
Ont usé cette épaule nue
Qui a frémi puis se penche
A l'Orient où glace le cœur.

L'huile méditante a régné
Sur son corps aux ombres qui bougent,
Et pourtant elle ploie sa nuque
Comme on pèse l'âme des morts.

V

Voici presque l'instant
Où il n'est plus de jour, plus de nuit, tant l'étoile
A grandi pour bénir ce corps brun, souriant,
Illimité, une eau qui sans chimère bouge.

Ces frêles mains terrestres dénoueront
Le nœud triste des rêves.
La clarté protégée reposera
Sur la table des eaux.

L'étoile aime l'écume, et brûlera
Dans cette robe grise.

IV

Erde, aufgetakelt gleichsam,
sieh,
rotgefleckt,
diese Gestalt an deinem Bug.

Der Stern, das Wasser, der Schlaf
haben diese nackte Schulter vernutzt,
daß es sie schauderte, die dann sich neigt
dem Aufgang zu, wo das Herz erstarrt.

Nachdenklich das Öl, es herrschte
über ihren Leib, wo Schatten hinspielen,
und dennoch biegt sie ihren Nacken,
wie man die Seele der Toten wägt.

V

Dies jetzt ist fast schon der Augenblick,
da Tag nicht tagt, Nacht nicht mehr nachtet, allzu gewaltig
wuchs der Stern, um diesen braunen Leib zu segnen, lächelnd,
grenzenlos, ein Wasser, regsam untrüglich.

Diese schwachen irdischen Hände werden
den traurigen Knoten der Träume entknoten.
Beschützt eine Helle
wird auf dem Tisch der Wasser ruhn.

Der Stern liebt den Schaum, er wird in diesem
grauen Gewande brennen.

VI

Longtemps ce fut l'été. Une étoile immobile
Dominait les soleils tournants. L'été de nuit
Portait l'été de jour dans ses mains de lumière
Et nous nous parlions bas, en feuillage de nuit.

L'étoile indifférente; et l'étrave; et le clair
Chemin de l'une à l'autre en eaux et ciels tranquilles.
Tout ce qui est bougeait comme un vaisseau qui tourne
Et glisse, et ne sait plus son âme dans la nuit.

VII

N'avions-nous pas l'été à franchir, comme un large
Océan immobile, et moi simple, couché
Sur les yeux et la bouche et l'âme de l'étrave,
Aimant l'été, buvant tes yeux sans souvenirs,

N'étais-je pas le rêve aux prunelles absentes
Qui prend et ne prend pas, et ne veut retenir
De ta couleur d'été qu'un bleu d'une autre pierre
Pour un été plus grand, où rien ne peut finir?

VI

Lang war der Sommer. Ein regloser Stern
lenkte die Sonnen, wie sie kreisten. Nachtsommer trug
den Sommertag in seinen lichten Händen,
und leise sprachen wir miteinander, im Laub der Nacht.

Gleichmütig der Stern; und der Bug; und licht
zwischen beiden der Weg in stillen Himmeln und Gewässern.
Alles, was ist, regt sich wie ein Schiff, das wendet
und gleitet, und seine Seele nicht mehr in der Nacht kennt.

VII

War uns nicht aufgetragen, den Sommer zu durchqueren,
          gleich einem weiten
reglosen Ozean, und ich einfältig hingebettet
auf die Augen und den Mund und die Seele des Bugs,
den Sommer liebend, deine erinnerungslosen Augen trinkend,

War ich nicht der Traum, der ohne Augen sehende,
der nimmt und nicht nimmt, und von deiner Sommerfarbe
nichts behalten will außer dem Blau eines anderen Steines
für einen größeren Sommer, wo nichts ein Ende nimmt?

VIII

Mais ton épaule se déchire dans les arbres,
Ciel étoilé, et ta bouche recherche
Les fleuves respirants de la terre pour vivre
Parmi nous ta soucieuse et désirante nuit.

O notre image encor,
Tu portes près du cœur une même blessure,
Une même lumière où bouge un même fer.

Divise-toi, qui es l'absence et ses marées.
Accueille-nous, qui avons goût de fruits qui tombent,
Mêle-nous sur tes plages vides dans l'écume
Avec les bois d'épave de la mort,

Arbre aux rameaux de nuit doubles, doubles toujours.

IX

Eaux du dormeur, arbre d'absence, heures sans rives,
Dans votre éternité une nuit va finir.
Comment nommerons-nous cet autre jour, mon âme,
Ce plus bas rougeoiement mêlé de sable noir?

Dans les eaux du dormeur les lumières se troublent.
Un langage se fait, qui partage le clair
Buissonnement d'étoiles dans l'écume.
Et c'est presque l'éveil, déjà le souvenir.

VIII

Doch deine Schulter zerreißt in den Bäumen,
Sternenhimmel, und dein Mund sucht
die atmenden Flüsse der Erde, um unter uns
deine sorgliche, deine begehrliche Nacht zu leben.

O unser Bild noch,
dem Herzen nah trägst du die gleiche Wunde,
ein gleiches Licht, wo sich ein gleiches Eisen regt.

Teile dich, der du die Abwesenheit bist und ihre Gezeiten.
Empfange uns, die wir nach Früchten, die fallen, schmecken,
mische uns in den Schaum auf deinen leeren Gestaden
mit dem hölzernen Strandgut des Todes,

Baum, zwiefach, immer zwiefach in deinem Nachtgezweig.

IX

Gewässer des Schläfers, Baum der Abwesenheit, Stunden
uferlos,
in eurer Ewigkeit geht eine Nacht zuende.
Wie werden wir ihn nennen, meine Seele, diesen andern Tag,
diese herabgesunkene Röte, mit schwarzem Sand vermischt?

In den Wassern des Schläfers die Lichter werden trüber.
Eine Sprache geschieht, die teilhat
an dem lichten Gewimmel der Sterne im Schaum.
Und dies ist fast schon Erwachen, schon Erinnerung.

»Regarde-moi
Là-bas, dans cet espace que transit
Une eau rapide et noire … «

Je t'inventais
Sous l'arche d'un miroir orageux, qui prenait
La parcelle d'un rouge en toi, impartageable,
Et l'enflammait »là-bas«, au mascaret de mort.

Ein Stein

»Sieh mich
Dort unten, wo in eisigem Gelände
Rasch und schwarz ein Wasser uns ereilt …«

Ich erfand dich
Unter dem Bogen eines gewitterigen Spiegels,
Der dir ein Rot entlieh, unteilbar;
Aufflammen ließ er es »dort unten«, wo der Tod anbrandet.

Le jardin

Les étoiles voûtaient les murs du haut jardin
Comme les fruits de l'arbre au-delà, mais les pierres
Du lieu mortel portaient dans l'écume de l'arbre
Comme une ombre d'étrave et comme un souvenir.

Étoiles et vous, craies d'un pur chemin,
Vous pâlissiez, vous nous preniez le vrai jardin,
Tous les chemins du ciel étoilé faisant ombre
Sur ce chant naufragé; sur notre route obscure.

Der Garten

Die Sterne wölbten die Mauern eines hohen Gartens
wie die Früchte des Baumes jenseits, doch die Steine
des sterblichen Ortes trugen im Schaum des Baumes
gleichsam den Schatten eines Bugs und ein Erinnern.

Sterne und ihr, Kreiden eines reinen Weges,
ihr erbleichtet, ihr nahmt uns den wahren Garten,
alle Wege des Sternenhimmels warfen einen Schatten
auf dieses Lied in seinem Scheitern; auf unsre dunkle Straße.

Dans ses coffres le rêve a replié
Ses étoffes peintes, et l'ombre
De ce visage taché
De l'argile rouge des morts.

Tu n'as pas voulu retenir
Ces mains étroites qui firent
Le signe de solitude
Sur les pentes ocres d'un corps.

Et telle une eau qui se perd
Dans les rougeurs d'une eau sombre,
La nuque proche se courbe
Sur la plage où brille la mort.

In seinen Truhen hat der Traum
seine bunten Stoffe versammelt, und den Schatten
dieses vom roten Lehm der Toten
gefleckten Gesichts.

Du wolltest sie nicht festhalten,
diese schmalen Hände, die
auf den ockerfarbenen Hängen eines Leibes
das Zeichen der Einsamkeit machten.

Und einem Wasser gleich, das sich
im Roten eines finsteren Wassers verliert,
beugt sich der nahe Nacken
über den Strand, wo der Tod aufglänzt.

Solitude à ne pas gravir, que de chemins!
Robe rouge, que d'heures proches sous les arbres!
Mais adieu, dans cette aube froide, mon eau pure,
Adieu malgré le cri, l'épaule, le sommeil.

Écoute, il ne faut plus ces mains qui se reprennent
Comme éternellement l'écume et le rocher,
Et même plus ces yeux qui se tournent vers l'ombre,
Aimant mieux le sommeil encore partagé.

Il ne faut plus tenter d'unir voix et prière,
Espoir et nuit, désirs de l'abîme et du port.
Vois, ce n'est pas Mozart qui lutte dans ton âme,
Mais le gong, contre l'arme informe de la mort.

Adieu, visage en mai.
Le bleu du ciel est morne aujourd'hui, ici.
Le glaive de l'indifférence de l'étoile
Blesse une fois de plus la terre du dormeur.

Einsamkeit, nicht zu erklimmen, wie viele Wege!
Rotes Kleid, wie viele nahe Stunden unter den Bäumen!
Doch lebe wohl, in dieser kalten Frühe, mein reines Wasser,
leb wohl trotz diesem Schrei, der Schulter, dem Schlaf.

Höre, sie gelten nicht mehr, diese Hände, die eine nach
der andern
wie Schaum und Felsen ewig greifen,
und selbst diese Augen nicht mehr, die sich ins Dunkel
wenden,
den Schlaf noch zu teilen, den sie vor allem lieben.

Es gilt nicht mehr Gebet und Stimme zu vereinen,
Hoffnung und Nacht, Verlangen nach dem Abgrund und
dem Hafen.
Sieh, nicht Mozart kämpft in deiner Seele,
sondern der Gong, gegen die ungestalte Waffe des Todes.

Leb wohl, Gesicht im Mai.
Das Blau des Himmels ist düster heute, hier.
Das Schwert der Teilnahmslosigkeit des Sternes
verwundet abermals die Erde des Schläfers.

La lampe, le dormeur

I

Je ne savais dormir sans toi, je n'osais pas
Risquer sans toi les marches descendantes.
Plus tard, j'ai découvert que c'est un autre songe,
Cette terre aux chemins qui tombent dans la mort.

Alors je t'ai voulue au chevet de ma fièvre
D'inexister, d'être plus noir que tant de nuit,
Et quand je parlais haut dans le monde inutile,
Je t'avais sur les voies du trop vaste sommeil.

Le dieu pressant en moi, c'étaient ces rives
Que j'éclairais de l'huile errante, et tu sauvais
Nuit après nuit mes pas du gouffre qui m'obsède,
Nuit après nuit mon aube, inachevable amour.

Die Lampe, der Schläfer

I

Schlaf fand ich keinen ohne dich, ich wagte
nicht ohne dich hinab mich auszusetzen über Stufen.
Später gewahrte ich, daß dies ein andrer Traum ist,
diese Erde der Wege, die abstürzen in den Tod.

Da wollte ich, daß du wachtest neben dem Fiebernden,
weil alles sich ihm entzog, weil er schwärzer als soviel
    Nacht war,
und wenn ich laut sprach in der Vereitelung,
da hatte ich dich auf den Wegen des allzu weiten Schlafs.

Der Gott in mir, der mich bedrängte, waren diese Ufer,
die ich mit irrendem Öl erhellte, und du rettetest
Nacht um Nacht meine Schritte vor dem Abgrund, der mich
    bedrängt,
führtest Nacht um Nacht den Tag herauf, Liebe unabsehbar.

II

– Je me penchais sur toi, vallée de tant de pierres,
J'écoutais les rumeurs de ton grave repos,
J'apercevais très bas dans l'ombre qui te couvre
Le lieu triste où blanchit l'écume du sommeil.

Je t'écoutais rêver. O monotone et sourde,
Et parfois par un roc invisible brisée,
Comme ta voix s'en va, ouvrant parmi ses ombres
Le gave d'une étroite attente murmurée!

Là-haut, dans les jardins de l'émail, il est vrai
Qu'un paon impie s'accroît des lumières mortelles.
Mais toi il te suffit de ma flamme qui bouge,
Tu habites la nuit d'une phrase courbée.

Qui es-tu? Je ne sais de toi que les alarmes,
Les hâtes dans ta voix d'un rite inachevé.
Tu partages l'obscur au sommet de la table,
Et que tes mains sont nues, ô seules éclairées!

II

– Ich beugte mich über dich, Tal so vieler Steine,
ich lauschte den Geräuschen deiner ernsten Ruhe,
ich sah sehr tief im Dunkel, das dich deckt,
die trübe Stätte, wo der Schaum des Schlafes bleicht.

Ich hörte dich träumen. O eintönige und dumpfe,
und bisweilen an einem unsichtbaren Fels sich brechend,
wie deine Stimme fortgeht, zwischen ihren Schatten
der Ergießung sich öffnend einer engen hingeflüsterten
Erwartung!

Hoch oben, in den Gärten des Email, ja dort erwächst
ruchlos ein Pfau aus sterblichen Lichtern.
Dir aber genügt meine Flamme, wie sie sich regt,
du bewohnst die Nacht eines hingebogenen Satzes.

Wer bist du? Nur deine Ängste kenne ich,
das Hastende in deiner Stimme eines abgebrochenen Ritus.
Hoch am Ende des Tisches teilst du das Dunkel,
und o wie nackt sind deine Hände, die allein erhellten!

Bouche, tu auras bu
A la saveur obscure,
A une eau ensablée,
A l'Être sans retour.

Où vont se réunir
L'eau amère, l'eau douce,
Tu auras bu où brille
L'impartageable amour.

Mais ne t'angoisse pas,
O bouche qui demandes
Plus qu'un reflet troublé,
Plus qu'une ombre de jour:

L'âme se fait d'aimer
L'écume sans réponse.
La joie sauve la joie,
L'amour le non-amour.

Getrunken haben wirst du, Mund,
den dunklen Saft,
ein sandiges Wasser,
Sein ohne Umkehr.

Wo beide, bitteres und
süßes Wasser sich vereinen werden,
wirst du getrunken haben, wo sie schimmert,
die unteilbare Liebe.

Aber ängste dich nicht,
Mund, den nach mehr verlangt
als einem getrübten Widerschein,
nach mehr als einem schwachen Licht:

Liebend verwandelt die Seele sich
in antwortlosen Schaum.
Freude rettet die Freude,
Liebe die Nicht-Liebe.

Une pierre

Il me disait, Tu es une eau, la plus obscure,
La plus fraîche où goûter l'impartageable amour.
J'ai retenu son pas, mais parmi d'autres pierres,
Dans le boire éternel du jour plus bas que jour.

Ein Stein

Er sagte mir, Du bist ein Wasser, das dunkelste,
Das frischeste, die unteilbare Liebe dort zu kosten.
Ich habe seinen Schritt zurückgehalten, doch zwischen anderen Steinen,
Ewigen Tag zu trinken unter Tag.

Pierre écrite

Prestige, disais-tu, de notre lampe et des feuillages,
Ces hôtes de nos soirs.
Ils tirent jusqu'à nous leurs barques sur les dalles,
Ils connaissent notre désir de l'éternel.

La nuit parfaite dans le ciel criant son feu,
Eux sont venus d'un pas sans ombre, ils nous éveillent,
Leur parole commence au tremblé de nos voix.

Le pas des astres mesurant le sol dallé de cette nuit,
Et eux mêlant à tant de feux l'obscurité propre de
l'homme.

Beschriebener Stein

Von unsrer Lampe, sagtest du, von dem Laubwerk
hergezaubert,
diese Gäste unserer Abende.
Über die Fliesen schleifen sie bis zu uns hin ihre Boote,
sie wissen, daß uns nach Ewigem verlangt.

Vollkommen die Nacht im Himmel, der sein Feuer schreit,
sie kamen schattenlosen Schrittes, sie wecken uns;
wo unsre Stimmen erzittern, hebt ihr Wort an.

Der Schritt der Sterne mißt den Fliesenboden dieser Nacht,
und sie, so vielen Feuern vermischen sie die dem Menschen
eigne Dunkelheit.

Une pierre

Il désirait, sans connaître,
Il a péri, sans avoir.
Arbres, fumées,
Toutes lignes de vent et de déception
Furent son gîte.
Infiniment
Il n'a étreint que sa mort.

Ein Stein

Er begehrte, ohne zu erkennen.
Er ging zugrunde, ohne zu haben.
Bäume, Rauchschwaden,
Was der Wind, was die Enttäuschung schrieb,
Waren sein Lager.
Unaufhörlich
Hat er nur seinen Tod umarmt.

Le lieu des morts

Quel est le lieu des morts,
Ont-ils droit comme nous à des chemins,
Parlent-ils, plus réels étant leurs mots,
Sont-ils l'esprit des feuillages ou des feuillages plus hauts?

Phénix a-t-il construit pour eux un château,
Dressé pour eux une table?
Le cri de quelque oiseau dans le feu de quelque arbre
Est-il l'espace où ils se pressent tous?

Peut-être gisent-ils dans la feuille du lierre,
Leur parole défaite
Étant le port de la déchirure des feuilles, où la nuit vient.

Die Stätte der Toten

Was ist die Stätte der Toten,
haben sie auf Wege ein Anrecht wie wir,
sprechen sie, mit wirklicheren Worten,
sind sie der Geist des Laubwerks oder höhere Wipfel?

Hat Phönix für sie ein Schloß erbaut,
einen Tisch für sie gedeckt?
Eines Vogels Schrei im Feuer eines Baumes irgendwo,
ist dies der Raum, wo sie sich alle drängen?

Vielleicht ruhn sie im Blatt eines Efeus,
abgetan ihr Wort
ist der Hafen, wo die Blätter zerrissen hangen, wenn die
    Nacht kommt.

Une pierre

Je fus assez belle.
Il se peut qu'un jour comme celui-ci me ressemble.
Mais la ronce l'emporte sur mon visage,
La pierre accable mon corps.

Approche-toi,
Servante verticale rayée de noir,
Et ton visage court.

Répands le lait ténébreux, qui exalte
Ma force simple.
Sois-moi fidèle,
Nourrice encor, mais d'immortalité.

Ein Stein

Ich war wohl schön.
Mag sein, ein Tag wie dieser gleicht mir.
Doch Dörnicht kriecht über mein Gesicht hin.
Auf meinem Körper lastet der Stein.

Du, schwarzgestreifte Dienerin,
Aufrechte, tritt herzu,
Knapp dein Gesicht.

Gieße die finstre Milch: sie steigert
Mir meine Kraft, die einfache.
Sei mir getreu,
Amme noch, doch die mich mit Unsterblichkeit säugt.

Le lieu des morts

Le lieu des morts,
C'est peut-être le pli de l'étoffe rouge.
Peut-être tombent-ils
Dans ses mains rocailleuses; s'aggravent-ils
Dans les touffes en mer de la couleur rouge;
Ont-ils comme miroir
Le corps gris de la jeune aveugle; ont-ils pour faim
Dans le chant des oiseaux ses mains de noyée.

Ou sont-ils réunis sous le sycomore ou l'érable?
Nul bruit ne trouble plus leur assemblée.
La déesse se tient au sommet de l'arbre,
Elle incline vers eux l'aiguière d'or.

Et seul parfois le bras divin brille dans l'arbre
Et des oiseaux se taisent, d'autres oiseaux.

Die Stätte der Toten

Die Stätte der Toten –
vielleicht ist es die Falte des roten Stoffes.
Vielleicht fallen sie
in diese felsigen Hände; werden sie schwerer
in den Büscheln im Meer der roten Farbe;
haben sie als Spiegel
den grauen Körper der jungen Blinden; haben sie
als Hunger
im Gesang der Vögel ihre Hände einer Ertrunkenen.

Oder sind sie versammelt unter der Sykomore oder dem
Ahorn?
Kein Lärm stört noch ihre Versammlung.
Die Göttin verweilt auf dem Wipfel des Baumes,
sie neigt ihnen ihren goldenen Wasserkrug zu.

Und manchmal leuchtet nur der göttliche Arm im Baum
und Vögel schweigen, andere Vögel.

Deux ans, ou trois,
Je me sentis suffisante. Les astres,
Les fleuves, les forêts ne m'égalaient pas.
La lune s'écaillait sur mes robes grises.
Mes yeux cernés
Illuminaient les mers sous leurs voûtes d'ombre,
Et mes cheveux étaient plus amples que ce monde
Aux yeux vaincus, aux cris qui ne m'atteignaient pas.

Des bêtes de nuit hurlent, c'est mon chemin,
Des portes noires se ferment.

Ein Stein

Zwei Jahre, oder drei,
Empfand ich mich als eine, die genügt. Minder waren
Die Gestirne, die Flüsse, die Wälder.
An meinen grauen Gewändern zersplitterte der Mond.
Umrandet meine Augen
Erleuchteten die Meere unter ihren Schattengewölben.
Und meine Haare waren weiter als diese Welt
Mit ihren besiegten Augen, ihren Schreien, die mich nicht erreichten.

Nächtliche Tiere heulen, das ist mein Weg,
Schwarze Tore fallen zu.

Une pierre

Ta jambe, nuit très dense,
Tes seins, liés,
Si noirs, ai-je perdu mes yeux,
Mes nerfs d'atroce vue
Dans cette obscurité plus âpre que la pierre,
O mon amour?

Au centre de la lumière, j'abolis
D'abord ma tête crevassée par le gaz,
Mon nom ensuite avec tous pays,
Mes mains seules droites persistent.

En tête du cortège je suis tombé
Sans dieu, sans voix audible, sans péché,
Bête trinitaire criante.

Ein Stein

Dein Bein, sehr dichte Nacht,
Deine Brüste, gebunden,
So schwarz, verlor ich meine Augen,
Meine Nerven gräßlichen Gesichts
In diesem mehr als die Steine harschen Dunkel,
O meine Liebe?

Von fahlem Widerglanz umwittert
Vermisse ich als erstes zerklüftet meinen Kopf,
Meinen Namen dann mit allen Ländern,
Meine Hände nur, die ausgestreckten, bleiben.

Am Kopf des Festzugs fiel ich
Ohne Gott, ohne vernehmbare Stimme, sündenlos,
Schreiend ein Dreigetier.

Une pierre

Tombe, mais douce pluie, sur le visage.
Éteins, mais lentement, le très pauvre chaleil.

Ein Stein

Falle, doch sanfter Regen, auf das Gesicht.
Lösche, doch langsam, diesen flackernden Docht.

Jean et Jeanne

Tu demandes le nom
De cette maison basse délabrée,
C'est Jean et Jeanne en un autre pays.

Quand les larges vents passent
Le seuil où rien ne chante ni paraît.

C'est Jean et Jeanne et de leurs faces grises
Le plâtre du jour tombe et je revois
La vitre des étés anciens. Te souviens-tu?
La plus brillante au loin, l'arche fille des ombres.

Aujourd'hui, ce soir, nous ferons un feu
Dans la grande salle.
Nous nous éloignerons,
Nous le laisserons vivre pour les morts.

Hans und Hanne

Du fragst nach dem Namen
dieses niedrigen verfallenen Hauses,
Hans und Hanne heißt es in einem anderen Land.

Wenn die weiten Winde
über die Schwelle streichen, wo nichts singt noch erscheint.

Hans und Hanne, und von ihren grauen Gesichtern
fällt Gips des Tages, und wieder seh ich
das Fenster der gewesenen Sommer. Erinnerst du dich?
Das leuchtendste fern, der Bogen eine Tochter der Schatten.

Heute, heut abend, werden wir ein Feuer
entzünden in dem großen Saal.
Wir werden fortgehn,
werden es leben lassen für die Toten.

Une pierre

Aglaure s'est dressée
Dans les feuilles mortes.
Sa taille enfiévrée s'est reformée
Sous des mains diligentes.
Sa nuque s'est ployée sous la chaleur des lèvres.
La nuit vint, qui couvrit sa face dévastée
Et ses sanglots épars dans le lit de la glaise.

Ein Stein

Wie hob Aglauros sich
Aus welken Blättern!
Fiebernd unter geschäftigen Händen
Wand sie schlank sich wieder empor.
Ihr Nacken bog sich unter glühenden Lippen.
Es kam die Nacht, die ihr verwüstetes Gesicht bedeckte
Und ihr im Bett des Lehms zerstreutes Schluchzen.

Une pierre

Longtemps dura l'enfance au mur sombre et je fus
La conscience d'hiver; qui se pencha
Tristement, fortement, sur uns image,
Amèrement, sur le reflet d'un autre jour.

N'ayant rien désiré
Plus que de contribuer à mêler deux lumières,
O mémoire, je fus
Dans son vaisseau de verre l'huile diurne
Criant son âme rouge au ciel des longues pluies.

Qu'aurai-je aimé? L'écume de la mer
Au-dessus de Trieste, quand le gris
De la mer de Trieste éblouissait
Les yeux du sphinx déchirable des rives.

Ein Stein

Lange währte die Kindheit hinter finsterer Mauer und ich war
Das Bewußtseins des Winters; das sich trauernd,
Beharrlich, beugte über ein Bild,
Bitter, über den Abschein eines anderen Tages.

Nach nichts hatte mich mehr verlangt
Als daß es mir gelänge, zwei Lichter zu vermengen,
O Erinnerung, ich war
In seinem Glasgefäß das Tagöl,
Das seine rote Seele dem Himmel der langen Regen zuschrie.

Was werde ich geliebt haben? Den Schaum des Meeres
Oberhalb von Triest, wenn das Grau
Des Meeres von Triest
Die Sphinx der Ufer blendete, die zerreißbare.

Une pierre

Orages puis orages je ne fus
Qu'un chemin de la terre.
Mais les pluies apaisaient l'inapaisable terre,
Mourir a fait le lit de la nuit dans mon cœur.

Ein Stein

Gewitter und abermals Gewitter
War ich nur ein Weg der Erde.
Doch die Regen stillten die unstillbare Erde,
Sterben bereitete der Nacht ein Bett in meinem Herzen.

Une pierre

Le livre de Porphyre sur le soleil,
Regarde-le tel qu'un amas de pierres noires.
J'ai lu longtemps le livre de Porphyre,
Je suis venu au lieu de nul soleil.

Ein Stein

Das Buch des Porphyrios über die Sonne,
Es gelte dir als ein Haufen schwarzer Steine.
Lang las ich in dem Buche des Porphyrios,
Der Ort, an den ich kam, kennt keine Sonne.

Une pierre

O dite à demi-voix parmi les branches,
O murmurée, ô tue,
Porteuse d'éternel, lune, entrouvre les grilles
Et penche-toi pour nous qui n'avons plus de jour.

Ein Stein

O mit halber Stimme hingesagt im Zweigicht,
O hingeflüstert, o verstummend,
Der du Ewiges bringst, o Mond, öffne die Gitter,
Neige dich uns, den Lichtberaubten.

La face la plus sombre a crié
Que le jour est proche.
En vain le buis s'est-il resserré
Sur le vieux jardin.

Ce peuple aussi a sa plainte,
Cette absence, son espoir.
Mais la lune se couvre et l'ombre
Emplit la bouche des morts.

Das finsterste Gesicht, es schrie:
Der Tag ist nah.
Vergeblich umschloß der Buchs
den alten Garten dichter.

Dieses Volk auch hat seine Klage,
dies Erledigte seine Hoffnung.
Doch der Mond bedeckt sich und Dunkel
füllt den Mund der Toten.

Sur un Éros de bronze

Tu vieillissais dans les plis
De la grisaille divine.
Qui est venu, d'une lampe,
Empourprer ton horizon nu?

L'enfant sans hâte ni bruit
T'a découvert une route.
– Ce n'est pas que l'antique nuit
En toi ne s'angoisse plus.

Le même enfant volant bas
Dans la ténèbre des voûtes
A saisi ce cœur et l'emporte
Dans le feuillage inconnu.

Auf einen Bronze-Eros

Du altertest in den Falten
der göttlichen Eintönigkeit.
Wer kam, mit einer Lampe
deinen nackten Horizont zu röten?

Geräuschlos, ohne Hast hat das Kind
dir eine Straße entdeckt.
– Nicht, daß die alte Nacht
in dir sich nicht mehr ängstigte.

Niedrigen Fluges unter düsteren
Gewölben hat das gleiche Kind
dies Herz ergriffen und trägt es
ins Laub hinauf, das unbekannte.

Nous vieillissions, lui le feuillage et moi la source,
Lui le peu de soleil et moi la profondeur,
Et lui la mort et moi la sagesse de vivre.

J'acceptais que le temps nous présentât dans l'ombre
Son visage de faune au rire non moqueur,
J'aimais que se levât le vent qui porte l'ombre

Et que mourir ne fût en obscure fontaine
Que troubler l'eau sans fond que le lierre buvait.
J'aimais, j'étais debout dans le songe éternel.

Eine Stimme

Wir alterten, er das Laub und ich die Quelle,
er wenig Sonnenlicht und ich die Tiefe,
und er der Tod und ich die Klugheit des Lebens.

Ich ließ es gelten, daß die Zeit uns im Dunkel
ihr Faunsgesicht, das lachende, zuwandte ohne Spott,
ich liebte es, daß der Wind sich hob, der den Schatten bringt,

Und daß zu sterben mehr nicht war als in dunkler Quelle
das grundlos tiefe Wasser aufzuwühlen, das der Efeu trank.
Ich liebte, aufrecht stand ich in dem ewigen Traum.

Un feu va devant nous

La chambre

Le miroir et le fleuve en crue, ce matin,
S'appelaient à travers la chambre, deux lumières
Se trouvent et s'unissent dans l'obscur
Des meubles de la chambre descellée.

Et nous étions deux pays de sommeil
Communiquant par leurs marches de pierre
Où se perdait l'eau non trouble d'un rêve
Toujours se reformant, toujours brisé.

La main pure dormait près de la main soucieuse.
Un corps un peu parfois dans son rêve bougeait.
Et loin, sur l'eau plus noire d'une table,
La robe rouge éclairante dormait.

Ein Feuer wandert uns voraus

Das Zimmer

Der Spiegel und der angeschwollene Fluß heut morgen
riefen einander durch das Zimmer, zwei Lichter
finden, vereinigen sich im Dunkel
der Möbel des entsiegelten Zimmers.

Und wir waren zwei schlafende Länder,
verbunden durch ihre steinernen Stufen,
wo ungetrübt das Wasser eines Traumes
sich verlor, und wieder sammelte, und wieder brach.

Die reine Hand schlief neben der besorgten.
Ein Leib bisweilen regte sich in seinem Traum.
Und fern, auf schwärzerem Gewässer eines Tisches
das rote Kleid: es leuchtete, und schlief.

L'épaule

Ton épaule soit l'aube, ayant porté
Tout mon obscur déchirement de nuit
Et toute cette écume amère des images,
Tout ce haut rougeoiement d'un impossible été.

Ton corps voûte pour nous son heure respirante
Comme un pays plus clair sur nos ombres penché
– Longue soit la journée où glisse, miroitante,
L'eau d'un rêve à l'afflux rapide, irrévélé.

O dans le bruissement du feuillage de l'arbre
Soit le masque aux yeux clos du rêve déposé!
J'entends déjà grandir le bruit d'un autre gave
Qui s'apaise, ou se perd, dans notre éternité.

Die Schulter

Sei deine Schulter das Morgenlicht, trug sie doch
nachthindurch meine ganze dunkle Zerrissenheit
und all diesen bittren Schaum der Bilder,
all dieses hohe Erglühen eines unmöglichen Sommers.

Dein Leib wölbt für uns seine atmende Stunde,
einem helleren Land gleich, das sich über unsre Schatten
beugt
– Lang sei der Tag, wo schillernd das Wasser eines Traumes
hingleitet, raschen Zustroms, der sich nicht entdeckt.

O im Rauschen der Blätter des Baumes
abgestreift sei die Maske des Traumes, die ihre Augen
geschlossen hält!
Anschwellen hör ich schon das Brausen anderer stürzender
Gewässer,
das sich in unsrer Ewigkeit sänftigt, oder verliert.

L'arbre, la lampe

L'arbre vieillit dans l'arbre, c'est l'été.
L'oiseau franchit le chant de l'oiseau et s'évade.
Le rouge de la robe illumine et disperse
Loin, au ciel, le charroi de l'antique douleur.

O fragile pays,
Comme la flamme d'une lampe que l'on porte,
Proche étant le sommeil dans la sève du monde,
Simple le battement de l'âme partagée.

Toi aussi tu aimes l'instant où la lumière des lampes
Se décolore et rêve dans le jour.
Tu sais que c'est l'obscur de ton cœur qui guérit,
La barque qui rejoint le rivage et tombe.

Der Baum, die Lampe

Der Baum altert in dem Baum, das ist der Sommer.
Der Vogel übersteigt das Lied des Vogels und entfliegt.
Das Rot des Kleides erleuchtet und verstreut
fern, am Himmel, die Last des alten Schmerzes.

O zerbrechliches Land,
wie die Flamme einer Lampe, die man trägt,
nah ist der Schlaf im Saft der Welt,
einfach der Herzschlag der geteilten Seele.

Du auch liebst den Augenblick, wo das Licht der Lampen
sich entfärbt und hinträumt in den Tag.
Du weißt, es ist das Dunkel deines Herzens, das heilt,
der Nachen, der ans Ufer anstößt und dort ruht.

Chemins, parmi
La matière des arbres. Dieux, parmi
Les touffes de ce chant inlassable d'oiseaux.
Et tout ton sang voûté sous une main rêveuse,
O proche, ô tout mon jour.

Qui ramassa le fer
Rouillé, parmi les hautes herbes, n'oublie plus
Qu'aux grumeaux du métal la lumière peut prendre
Et consumer le sel du doute et de la mort.

Die Wege

Wege, zwischen
dem Holz der Bäume hin. Götter, zwischen
den Büscheln dieses unermüdlichen Gesangs der Vögel.
Und all dein Blut, sich wölbend unter einer träumerischen
Hand,
O Nahe, o du ganz mein Tag.

Wer das Eisen auflas,
das rostige, im hohen Gras, er vergesse nicht,
daß das Licht sich verfangen kann im Rauhen des Metalls,
das Salz dort zu verzehren des Zweifels und des Todes.

Le myrte

Parfois je te savais la terre, je buvais
Sur tes lèvres l'angoisse des fontaines
Quand elle sourd des pierres chaudes, et l'été
Dominait haut la pierre heureuse et le buveur.

Parfois je te disais de myrte et nous brûlions
L'arbre de tous tes gestes tout un jour.
C'étaient de grands feux brefs de lumière vestale,
Ainsi je t'inventais parmi tes cheveux clairs.

Tout un grand été nul avait séché nos rêves,
Rouillé nos voix, accru nos corps, défait nos fers.
Parfois le lit tournait comme une barque libre
Qui gagne lentement le plus haut de la mer.

Die Myrte

Zuweilen wußte ich dich die Erde, und ich trank
auf deinen Lippen die Angst der Quellen,
wenn sie aus heißen Steinen quillt, und hoch der Sommer
herrschte über den beglückten Stein, dem Trinkenden.

Zuweilen sagte ich, Myrte seist du, und wir brannten
den Baum all deiner Gebärden ab einen ganzen Tag.
Große kurze Feuer waren dies vestalischen Lichtes,
also erfand ich dich inmitten deines hellen Haars.

Ein ganzer großer nichtiger Sommer hatte unsre Träume
getrocknet,
unsere Stimmen rostig, unsre Körper körperhafter werden
lassen, die Ketten abgestreift.
Zuweilen drehte das Bett sich wie ein freies Boot,
das langsam hinaustreibt auf die höchste See.

Longues, longues journées.
La sang inapaisé heurte le sang.
Le nageur est aveugle.
Il descend par étages pourpres dans le battement de
ton cœur.

Quand la nuque se tend
Le cri toujours désert prend une bouche pure.

Ainsi vieillit l'été. Ainsi la mort
Encercle le bonheur de la flamme qui bouge.
Et nous dormons un peu. La note si
Résonne très longtemps dans l'étoffe rouge.

Das Blut, die Note Si

Lange, lange Tage.
Unbefriedigt das Blut stößt an das Blut.
Der Schwimmer ist blind.
Purpurne Stufen steigt er abwärts im Pochen deines
Herzens.

Wenn der Nacken sich spannt,
entringt der immer heimatlose Schrei sich einem reinen
Munde.

So altert der Sommer. So kreist der Tod
das Glück der Flamme ein, wie sie sich regt.
Und wir schlafen ein wenig. Die Note Si
erklingt sehr lange in dem roten Stoff.

Cinq heures.
Le sommeil est léger, en taches sur les vitres.
Le jour puise là-bas dans la couleur l'eau fraîche,
Ruisselante, du soir.

Et c'est comme si l'âme se simplifie
Étant lumière davantage, et qui rassure,
Mais, l'Un se déchirant contre la jambe obscure,
Tu te perds, où la bouche a bu à l'âcre mort.

(La corne d'abondance avec le fruit
Rouge dans le soleil qui tourne. Et tout ce bruit
D'abeilles de l'impure et douce éternité
Sur le si proche pré si brûlant encore).

Die Biene, die Farbe

Fünf Uhr.
Leicht ist der Schlaf, fleckig die Scheiben.
Fern schöpft der Tag dort in der Farbe
das frische Wasser, das rieselnde, des Abends.

Es ist, als ob die Seele einfacher würde,
mehr ein Licht, und eines, das beruhigt,
doch in der innigen Zerreißung an dem dunklen Bein
verlierst du dich, wo von dem herben Tod der Mund trank.

(Das Füllhorn mit der roten
Frucht in der Sonne, wie sie kreist. Und all dies Summen
der Bienen der unreinen und sanften Ewigkeit
über der so nahen Wiese, der so glühenden noch).

Le soir

Rayures bleues et noires.
Un labour qui dévie vers le bas du ciel.
Le lit, vaste et brisé comme le fleuve en crue.
– Vois, c'est déjà le soir,
Et le feu parle auprès de nous dans l'éternité de la sauge.

Der Abend

Blaue und schwarze Streifen.
Ein Pflügen, das dem niedern Himmel zu schräge Furchten
zieht.
Das Bett, weit und zerworfen wie ein Fluß, der anschwillt.
– Sieh, schon ward es Abend,
und das Feuer spricht nahe bei uns in der Ewigkeit des Salbei.

La lumière du soir

Le soir,
Ces oiseaux qui se parlent, indéfinis,
Qui se mordent, lumière.
La main qui a bougé sur le flanc désert.

Nous sommes immobiles depuis longtemps.
Nous parlons bas.
Et le temps reste autour de nous comme des flaques
de couleur.

Das Abendlicht

Der Abend,
diese Vögel, die sich unterreden, unaufhörlich,
die sich beißen, Licht.
Die Hand, die sich bewegte auf der leeren Flanke.

Reglos seit langem sind wir.
Wir sprechen leise.
Und die Zeit bleibt um uns wie farbige Lachen.

Que te faut-il, voix qui reprends, proche du sol comme
la sève
De l'olivier que glaça l'autre hiver?
Le temps divin qu'il faut pour emplir ce vase,
Oui, rien qu'aimer ce temps désert et plein de jour.

La patience pour faire vivre un feu sous un ciel rapide,
L'attente indivisée pour un vin noir,
L'heure aux arches ouvertes quand le vent
A des ombres qui rouent sur tes mains pensives.

Die Geduld, der Himmel

Wessen bedarfst du, Stimme, die wieder anhebt, dem Boden
nah
wie der Saft des Ölbaums, der vereiste im letzten Winter?
Der göttlichen Zeit, deren bedarf es, um dies Gefäß zu
füllen,
ja, dies reicht hin: sie zu lieben, diese leere, taghelle Zeit.

Und der Geduld, ein Feuer aufzuschüren unter raschem
Himmel,
der ungeteilten Aufmerksamkeit für einen schwarzen Wein,
der Stunde unter den offenen Bogen, wenn der Wind
über deine Hände, die sinnenden, spielende Schatten treibt.

Combien simples, oh fûmes-nous, parmi ces branches,
Inexistants, allant du même pas,
Une ombre aimant une ombre, et l'espace des
branches
Ne criant pas du poids d'ombres, ne bougeant pas.

Je t'avais converti aux sommeils sans alarmes,
Aux pas sans lendemains, aux jours sans devenir,
A l'effraie aux buissons quand la nuit claire tombe,
Tournant vers nous ses yeux de terre sans retour.

A mon silence; à mes angoisses sans tristesse
Où tu cherchais le goût du temps qui va mûrir.
A de grands chemins clos, où venait boire l'astre
Immobile d'aimer, de prendre et de mourir.

Eine Stimme

Wie einfach oh waren wir, zwischen diesen Zweigen,
Schemen, entlastete, einfältig gleichen Schritts,
ein Schatten, der einen andern Schatten liebte, und in den
 Zweigen
nichts, das da verschattet ächzte, das sich regte.

Ich hatte dich bekehrt, arglos zu schlafen,
zu wandern, wo kein Morgen droht, Tag wandellos sich
 an Tag schließt;
zu dem Käuzchen im Gebüsch, wenn hell die Nacht sinkt,
das seine Augen, die unwiderrufbar irdischen, uns zukehrt.

Zu meinem Schweigen; zu meinen Ängsten ohne Trauer,
darin du den Geschmack der Zeit erforschtest, wenn sie
 zu reifen sich anschickt.
Zu zwischen Hecken großen Wegen, wo das Gestirn
 sich tränkte,
dies unbewegliche: zu lieben, zu nehmen und zu sterben.

Un feu va devant nous.
J'aperçois par instants ta nuque, ton visage,
Puis, rien que le flambeau,
Rien que le feu massif, le mascaret des morts.

Cendre qui te détaches de la flamme
Dans la lumière du soir,
O présence,
Sous ta voûte furtive accueille-nous
Pour une fête obscure.

Ein Stein

Ein Feuer wandert uns voraus.
Zuweilen seh ich deinen Nacken, dein Gesicht,
Dann nichts als die Fackel,
Nichts als gedrängt das Feuer, die Sprungwelle der Toten.

Asche, die du dich von der Flamme löst
Im Licht des Abends,
O Gegenwart,
Unter deiner flüchtigen Wölbung empfange uns
Zu einem dunklen Fest.

Nous ne nous voyons plus dans la même lumière,
Nous n'avons plus les mêmes yeux, les mêmes mains.
L'arbre est plus proche et la voix des sources plus vive,
Nos pas sont plus profonds, parmi les morts.

Dieu qui n'es pas, pose ta main sur notre épaule,
Ébauche notre corps du poids de ton retour,
Achève de mêler à nos âmes ces astres,
Ces bois, ces cris d'oiseaux, ces ombres et ces jours.

Renonce-toi en nous comme un fruit se déchire,
Efface-nous en toi. Découvre-nous
Le sens mystérieux de ce qui n'est que simple
Et fût tombé sans feu dans des mots sans amour.

Das Licht, verändert

Wir sehen uns nicht mehr in dem gleichen Licht,
wir haben nicht mehr die gleichen Augen, die gleichen Hände.
Der Baum ist näher, und die Stimme der Quellen lebendiger,
tiefer sind unsere Schritte, unter den Toten.

Gott, der du nicht bist, lege deine Hand auf unsre Schulter,
mit deiner Wiederkunft Gewicht entwirf uns einen Leib,
vollende die Vermischung unsrer Seelen mit diesen Sternen,
mit diesen Wäldern, Vogelrufen, Schatten, Tagen.

Entsage dir in uns, wie eine Frucht aufklafft,
lösche uns aus in dir. Entdecke uns
den geheimnisvollen Sinn dessen, was nur einfach ist
und wäre erloschen hinfällig in Worten ohne Liebe.

Une pierre

Le jour au fond du jour sauvera-t-il
Le peu de mots que nous fûmes ensemble?
Pour moi, j'ai tant aimé ces jours confiants, je veille
Sur quelques mots éteints dans l'âtre de nos cœurs.

Ein Stein

Das Licht am Grund des Lichtes, rettet es
Dies wenige an Worten, das wir zusammen waren?
Ich, wie habe ich sie geliebt, diese Tage des Vertrauens,
Ich wache über einige Worte, ob sie auch erloschen sind
In unsres Herzens Herd.

Une pierre

Nous prenions par ces prés
Où parfois tout un dieu se détachait d'un arbre
(Et c'était notre preuve, vers le soir).

Je vous poussais sans bruit,
Je sentais votre poids contre nos mains pensives,
O vous, mes mots obscurs,
Barrières au travers des chemins du soir.

Ein Stein

Durch diese Wiesen nahmen wir den Weg,
Wo manchmal ganz ein Gott aus einem Baum trat
(Und dies war, gegen Abend, uns ein Zeugnis).

Geräuschlos stieß ich euch,
Ich fühlte, wir ihr euch stemmtet gegen meine nachdenklichen Hände,
O ihr meine dunklen Worte,
Gatter, quer über die Wege des Abends.

Le cœur, l'eau non troublée

Es-tu gaie ou triste?
– Ai-je su jamais,
Sauf que rien ne pèse
Au cœur sans retour.

Aucun pas d'oiseau
Sur cette verrière
Du cœur traversé
De jardins et d'ombre.

Un souci de toi
Qui a bu ma vie
Mais dans ce feuillage
Aucun souvenir.

Je suis l'heure simple
Et l'eau non troublée.
Ai-je su t'aimer,
Ne sachant mourir?

Das Herz, das ungetrübte Wasser

Bist du fröhlich oder traurig?
– Wußte ich das je,
es sei denn, nichts laste
auf meinem Herzen unwiderrufbar.

Keines Vogels Tritte
auf diesem Glasdach
des Herzens, das von Gärten
besucht wird und von Schatten.

Sorge um dich,
die mein Leben trank,
doch kein Erinnern
in diesem Laubwerk.

Ich bin die einfache Stunde,
das ungetrübte Wasser.
Gelang es mir, dich zu lieben,
der zu sterben nicht gelang?

La parole du soir

Le pays du début d'octobre n'avait fruit
Qui ne se déchirât dans l'herbe, et ses oiseaux
En venaient à des cris d'absence et de rocaille
Sur un haut flanc courbé qui se hâtait vers nous.

Ma parole du soir,
Comme un raisin d'arrière-automne tu as froid,
Mais le vin déjà brûle en ton âme et je trouve
Ma seule chaleur vraie dans tes mots fondateurs.

Le vaisseau d'un achèvement d'octobre, clair,
Peut venir. Nous saurons mêler ces deux lumières,
O mon vaisseau illuminé errant en mer,

Clarté de proche nuit et clarté de parole,
– Brume qui montera de toute chose vive
Et toi, mon rougeoiement de lampe dans la mort.

Das Wort des Abends

Das Land zu Anfang des Oktobers hatte keine Frucht,
die nicht aufklaffte im Gras, und seine Vögel
verstiegen zu Schreien sich steiniger Abwesenheit
auf einer hohen gewölbten Flanke, die uns entgegeneilte.

Mein Wort des Abends,
wie eine Spätherbsttraube fröstelt dich,
doch glüht der Wein in deiner Seele schon, und ich finde
meine einzige wahre Wärme in dem, wozu du den Grund legst.

Das Schiff einer Oktobervollendung, hell,
es lande. Wir werden diese beiden Lichter zu vermischen
wissen,
o erleuchtet mein Schiff, das auf dem Meere schweift,

Helle der nahen Nacht und Helle des Wortes,
– Nebel, der aufsteigen wird von allem Lebendigen,
und du, das Aufglühn meiner Lampe im Tode.

»Andiam, compagne belle …«

Don Giovanni, I, 19.

Les lampes de la nuit passée, dans le feuillage,
Brûlent-elles encor, et dans quel pays?
C'est le soir, où l'arbre s'aggrave, sur la porte.
L'étoile a précédé le frêle feu mortel.

Andiam, compagne belle, astres, demeures,
Rivière plus brillante avec le soir.
J'entends tomber sur vous, qu'une musique emporte,
L'écume où bat le cœur introuvable des morts.

»Andiam, compagne belle …«

Don Giovanni, I, 19.

Die Lampen der vergangenen Nacht, im Laubwerk,
brennen sie noch, und in welchem Land?
Abend ward es, vor dem Tor der Baum wird in sich schwer.
Der Stern ging dem schwachen sterblichen Feuer voraus.

Andiam, compagne belle, Gestirne, Orte, wo wir verweilten,
Fluß, der im Abend heller herglänzt.
Niederfallen höre ich auf euch, die eine Musik dahinträgt,
den Schaum, darin unfindbar das Herz der Toten schlägt.

Étoiles transhumantes; et le berger
Voûté sur le bonheur terrestre; et tant de paix
Comme ce cri d'insecte, irrégulier,
Qu'un dieu pauvre façonne. Le silence
Est monté de ton livre vers ton cœur.
Un vent bouge sans bruit dans les bruits du monde.
Le temps sourit au loin, de cesser d'être.
Simples dans le verger sont les fruits mûrs.

Tu vieilliras
Et, te décolorant dans la couleur des arbres,
Faisant ombre plus lente sur le mur,
Étant, et d'âme enfin, la terre menacée,
Tu reprendras le livre à la page laissée,
Tu diras, C'étaient donc les derniers mots obscurs.

Sterne, wie eine Herde hinziehend; und der Hirte
auf sein Erdenglück gebeugt; und soviel Friede
wie dieser Insektenschrei, unregelmäßig,
den ein armer Gott gestaltet. Das Schweigen
stieg aus deinem Buch deinem Herzen zu.
Ein Wind regt sich geräuschlos in den Geräuschen der Welt.
Fern lächelt die Zeit, daß sie endet.
Einfach im Garten sind die reifen Früchte.

Du wirst altern
und, dich entfärbend in der Farbe der Bäume,
langsameren Schattens auf der Mauer,
auf, und von der Seele endlich, bedrohter Erde,
wirst du das Buch aufgreifen wieder, wo du es ließest,
und sprechen wirst du, Dies also waren die letzten
          dunklen Worte.

Le dialogue d'angoisse et de désir

I

J'imagine souvent, au-dessus de moi,
Un visage sacrificiel, dont les rayons
Sont comme un champ de terre labourée.
Les lèvres et les yeux sont souriants,
Le front est morne, un bruit de mer lassant et sourd.
Je lui dis: Sois ma force, et sa lumière augmente,
Il domine un pays de guerre au petit jour
Et tout un fleuve qui rassure par méandres
Cette terre saisie fertilisée.

Et je m'étonne alors qu'il ait fallu
Ce temps, et cette peine. Car les fruits
Régnaient déjà dans l'arbre. Et le soleil
Illuminait déjà le pays du soir.
Je regarde les hauts plateaux où je puis vivre,
Cette main qui retient une autre main rocheuse,
Cette respiration d'absence qui soulève
Les masses d'un labour d'automne inachevé.

Zwiesprache in Angst und Verlangen

I

Oft in Gedanken seh ich, über mir,
das Antlitz eines Opfers, dessen Strahlen
wie aufgepflügtes Erdreich sind.
Lächelnd die Lippen, die Augen, düster
die Stirn, ein Rauschen dumpfer Flut, ermüdend.
Ich sage ihm: Sei meine Kraft, und stärker scheint es her,
herrscht über kriegerisches Land bei Tagesanbruch
und über einen Fluß, der weit in Krümmen wandernd
diese ergriffene Erde sänftigt, die befruchtete.

Und Staunen faßt mich, daß es dieser Zeit
bedurfte, und all der Mühsal. Denn schon die Früchte
herrschten im Baum. Und Sonne
erhellte schon das abendliche Land.
Ich schaue die Hochgefilde, wo ich leben kann,
diese Hand, die eine andere felsige Hand hält,
dies Atmen, abwesend, das die Schollen
der Herbstbestellung hebt, der unvollendeten.

II

Et je pense à Coré l'absente; qui a pris
Dans ses mains le cœur noir étincelant des fleurs
Et qui tomba, buvant le noir, l'irrévélée,
Sur le pré de lumière – et d'ombre. Je comprends
Cette faute, la mort. Asphodèles, jasmins
Sont de notre pays. Des rives d'eau
Peu profonde et limpide et verte y font frémir
L'ombre du cœur du monde … Mais oui, prends.
La faute de la fleur coupée nous est remise,
Toute l'âme se voûte autour d'un dire simple,
La grisaille se perd dans le fruit mûr.

Le fer des mots de guerre se dissipe
Dans l'heureuse matière sans retour.

II

Und Kore denkt mir, die Entfernte; die mit Händen
das schwarzfunkelnde Herz der Blumen nahm
und sank, das Schwarze trinkend, die Unenthüllte,
auf der Wiese im Licht – im Schatten. Ich begreife
dies Verschulden, den Tod. Asphodelen, Jasmin
sind unsres Landes. An Ufern seichten
Gewässers, eines grünen und hellen, schaudert
das Herz der Welt, ein Schatten ... Ja doch, nimm.
Daß wir, die Blume brechend, schuldig wurden,
vergeben ward es. Die Seele ganz wölbt
um ein schlichtes Sagen sich; das Grau
schmilzt in die reife Frucht.

Krieg waren die Worte; ihr Eisen löst
in den glücklichen Stoff sich auf immer.

III

Oui, c'est cela.
Un éblouissement dans les mots anciens.
L'étagement
De toute notre vie au loin comme une mer
Heureuse, élucidée par une arme d'eau vive.

Nous n'avons plus besoin
D'images déchirantes pour aimer.
Cet arbre nous suffit là-bas, qui, par lumière,
Se délie de soi-même et ne sait plus
Que le nom presque dit d'un dieu presque incarné.

Et tout ce haut pays que l'Un très proche brûle,

Et ce crépi d'un mur que le temps simple touche
De ses mains sans tristesse, et qui ont mesuré.

III

Ja, das ists.
Ein Leuchten in den alten Worten.
Weithin in Stufen
unser ganzes Leben wie ein Meer
des Glückes; erhellt von einer Klinge rascher Flut.

Zur Liebe ferner
nicht bedarf es zerreißender Bilder.
Dieser Baum dort genügt uns, der, vor Licht,
sich losmacht aus sich selbst, und weiß nur noch
den Namen ausgesprochen
fast, eines Gottes, eines fast verkörperten.

Und dieses ganze hohe Land, erglühend, weil das Eine nah ist,

Und diese Tünche einer Wand, die das Kind Zeit berührt
mit Händen ohne Trauer, bedachtsam messenden.

IV

Et toi,
Et c'est là mon orgueil,
O moins à contre-jour, ô mieux aimée,
Qui ne m'es plus étrangère. Nous avons grandi, je le sais,
Dans les mêmes jardins obscurs. Nous avons bu
La même eau difficile sous les arbres.
Le même ange sévère t'a menacée.

Et nos pas sont les mêmes, se déprenant
Des ronces de l'enfance oubliable et des mêmes
Imprécations impures.

IV

Und du,
und dies ist mein Stolz,
o weniger im Gegenlicht, o besser
Geliebte, die mir nicht mehr fremd ist. Wir wuchsen,
ich weiß es, in den gleichen dunklen Gärten auf. Wir tranken
das gleiche schwierige Wasser unter den Bäumen.
Der gleiche strenge Engel drohte dir.

Und unsre Schritte sind die gleichen, sie entwinden
dem Dörnicht sich der vergeßbaren Kindheit und den gleichen
unreinen Verwünschungen.

V

Imagine qu'un soir
La lumière s'attarde sur la terre,
Ouvrant ses mains d'orage et donatrices, dont
La paume est notre lieu et d'angoisse et d'espoir.
Imagine que la lumière soit victime
Pour le salut d'un lieu mortel et sous un dieu
Certes distant et noir. L'après-midi
A été pourpre et d'un trait simple. Imaginer
S'est déchiré dans le miroir, tournant vers nous
Sa face souriante d'argent clair.
Et nous avons vieilli un peu. Et le bonheur
A mûri ses fruit clairs en d'absentes ramures.
Est-ce là un pays plus proche, mon eau pure?
Ces chemins que tu vas dans d'ingrates paroles
Vont-ils sur une rive à jamais ta demeure
»Au loin« prendre musique, »au soir« se dénouer?

V

Denk: eines Abends
verweilt das Licht auf Erden länger,
es öffnet seine schenkenden Gewitterhände,
in deren sanfter Höhlung unser Ort der Angst ist
und der Hoffnung. Denke, das Licht sei Opfer
einer sterblichen Stätte zum Heil und unter einem
wohl fernen und schwarzen Gott. Der Nachmittag
war purpurn und reinen Hingangs. Träumen
zerriß sich in dem Spiegel, silbern
war uns sein helles Antlitz lächelnd zugekehrt.
Und wir alterten ein wenig. Und das Glück
reifte seine hellen Früchte in abwesendem Gezweig.
Ist dies ein näheres Land, mein reines Wasser?
Diese Wege, die du in undankbaren Worten schreitest,
werden auf einem Ufer, das dir Stätte bleibt,
sie »fern« erklingen, Musik? und sich entknüpfen »abends«?

VI

O de ton aile de terre et d'ombre éveille-nous,
Ange vaste comme la terre, et porte-nous
Ici, au même endroit de la terre mortelle,
Pour un commencement. Les fruits anciens
Soient notre faim et notre soif enfin calmées.
Le feu soit notre feu. Et l'attente se change
En ce proche destin, cette heure, ce séjour.

Le fer, blé absolu,
Ayant germé dans la jachère de nos gestes,
De nos malédictions, de nos mains pures,
Étant tombé en grains qui ont accueilli l'or
D'un temps, comme le cercle des astres proches,
Et bienveillant et nul,

Ici, où nous allons,
Où nous avons appris l'universel langage,

Ouvre-toi, parle-nous, déchire-toi,
Couronne incendiée, battement clair,
Ambre du cœur solaire.

VI

O mit deinem irdischen und Schattenflügel wecke uns,
Engel weit wie die Erde, und trage uns
hier, am gleichen Ort der sterblichen Erde,
daß wir beginnen. Die gewohnten Früchte
seien die Stillung endlich unsres Hungers, unseres Durstes.
Das Feuer sei unser Feuer. Und die Erwartung
verkehre in dieses nahe Schicksal sich, in
diese Stunde, diesen Aufenthalt.

Das Eisen, Halm starr an Halm,
es keimte in der Brache unserer Gesten,
unsrer Verwünschungen, unsrer reinen Hände –
in Körner zerfallen, die das Gold empfingen
einer Zeit, als kreisten nahe Sterne,
und wohlgesinnt uns, und vergänglich,

Hier, wo wir gehen,
wo wir die Sprache lernten aller Welt,

Öffne dich, sprich zu uns, zerreiße,
lodernder Kranz, ein helles Schwirren,
Amber des Sonne-Herzens.

Sur une pietà de Tintoret

Jamais douleur
Ne fut plus élégante dans ces grilles
Noires, que dévora le soleil. Et jamais
Élégance ne fut cause plus spirituelle,
Un feu double, debout sur les grilles du soir.

Ici,
Un grand espoir fut peintre. Oh, qui est plus réel
Du chagrin désirant ou de l'image peinte?
Le désir déchira le voile de l'image,
L'image donna vie à l'exsangue désir.

Auf eine Pietà des Tintoretto

Anmutiger war
nie ein Schmerz zwischen diesen schwarzen
Gittern, an denen die Sonne zehrte. Und nie
war Anmut geistiger ein Grund,
doppelt ein Feuer, auf den Gittern des Abends.

Maler
war hier eine große Hoffnung. Oh, wer ist wirklicher,
sehnsüchtiger Gram oder das gemalte Bild?
Das Verlangen zerriß den Schleier des Bildes,
das Bild verlieh blutlosem Verlangen Leben.

Toi que l'on dit qui bois de cette eau presque absente,
Souviens-toi qu'elle nous échappe et parle-nous.
La décevante est-elle, enfin saisie,
D'un autre goût que l'eau mortelle et seras-tu
L'illuminé d'une obscure parole
Bue à cette fontaine et toujours vive,
Ou l'eau n'est-elle qu'ombre, où ton visage
Ne fait que réfléchir sa finitude?
– Je ne sais pas, je ne suis plus, le temps s'achève
Comme la crue d'un rêve aux dieux irrévélés,
Et ta voix, comme une eau elle-même, s'efface
De ce langage clair et qui m'a consumé.
Oui, je puis vivre ici. L'ange, qui est la terre,
Va dans chaque buisson et paraître et brûler.
Je suis cet autel vide, et ce gouffre, et ces arches
Et toi-même peut-être, et le doute: mais l'aube
Et le rayonnement de pierres descellées.

Eine Stimme

Du, von dem es heißt, er trinke von diesem fast abwesenden
Wasser,
erinnere dich, daß es sich uns entzieht, und sprich zu uns.
Das enttäuschende, ist es, endlich ergriffen,
anderen Geschmacks als das sterbliche Wasser, und wirst du
der Erleuchtete eines dunklen Wortes sein,
das du ein immer lebendiges aus dieser Quelle trankst,
oder ist dies Wasser nur ein Dunkel, wo deinen Zügen
nur der Abschein ihrer Endlichkeit begegnet?
– Ich weiß nicht, ich bin nicht mehr, die Zeit versiegt
wie die Hochflut eines Traumes unoffenbarter Götter,
und deine Stimme, selber wie ein Wasser, schwindet
aus dieser hellen Sprache, die mich verzehrt hat.
Ja, hier kann ich leben. Der Engel, der die Erde ist,
wird mir in jedem Busch erscheinen und dort brennen.
Ich bin dieser leere Altar, und dieser Abgrund, und hoch
diese Bogen
und du selbst vielleicht, und der Zweifel: doch
ein Morgen und der Aufglanz entsiegelter Steine.

Dragué fut le regard hors de cette nuit.
Immobilisées et séchées les mains.
On a réconcilié la fièvre. On a dit au cœur
D'être le cœur. Il y avait un démon dans ces veines
Qui s'est enfui en criant.
Il y avait dans la bouche une voix morne sanglante
Qui a été lavée et rappelée.

Ars poetica

Heraufgezerrt zuletzt der Blick aus dieser Nacht.
Die Hände beruhigt, getrocknet.
Versöhnt das Fieber. Man hat dem Herzen zugeredet,
das Herz zu sein. Ein Dämon war in diesen Adern;
schreiend stob er davon.
Eine Stimme war in diesem Mund, verdrossen, blutig:
gewaschen nun, zurückgerufen.

Nachwort

Yves Bonnefoys Werk umfaßt Gedichte, Prosagedichte und *récits*, Essays und dichterische Übertragungen. Die Gedichte und dichterischen Prosaarbeiten begleiten einander, verweisen aufeinander und bilden zusammen den einen Hauptflügel des Diptychons, als dessen anderer Flügel die Essays über Themen der Poetologie und die bildenden Künste gelten dürfen. Das im engeren Sinn dichterische Werk gliedert sich in drei Etappen: die frühen Gedichtbände aus den fünfziger und sechziger Jahren (*»Du mouvement et de l'immobilité de Douve«*, 1953; *»Hier régnant désert«*, 1958; *»Pierre écrite«*, 1965), das siebenteilige Gipfelmassiv *»Dans le leurre du seuil«* (1975) und, dessen Themen wieder aufgreifend, *»Ce qui fut sans lumière«* (1987), *»Début et fin de la neige«* (1991), *»Pluies d'été«* (1999) und *»Les planches courbes«* (2003).

Die deutsche Übersetzung des mittleren Gedichtbandes der das im engeren Sinn poetische Werk eröffnenden Triade, *»Hier régnant désert«*, erschien bereits 1961 in der Zeitschrift »Die Neue Rundschau« und 1969 als Band 5 der Reihe »contemporains – Poesie und Prosa« im Kösel-Verlag, München. Unterdes hatte Yves Bonnefoy diesen Versband, da er ihm selber in seiner vorliegenden Gestalt »dunkel und, an gewissen Stellen, fast fremd« geworden war, »um ihn zu verstehen«, einer Bearbeitung unterzogen, bei der einige Gedichte gestrichen, andere umgestellt und die vier Unterabteilungen in drei zusammengezogen wurden. Da er dieses Verfahren später selber als gewaltsam empfand, wurden 1978 die ursprüngliche Gliederung und Reihenfolge wiederhergestellt; allerdings mit gelegentlichen Eingriffen in einige Gedichte. Die hier vorgelegte Ausgabe bietet, mit Genehmigung des Autors, die ursprüngliche Fassung dieses Versbandes von

1958, samt der ein Jahrzehnt später erschienenen deutschen Übersetzung.

Daß jedem dieser drei frühen Gedichtbände so etwas wie ein *récit* zugrundeliegt, daß sie, wie verschlüsselt und andeutungsweise auch immer, etwas »erzählen«, kann keinem aufmerksamen Leser entgehen, und Bonnefoy selber ist darauf wiederholt zu sprechen gekommen. So verwunderte es auch nicht, 1975 zu erfahren, daß dem ersten Gedichtband der Versuch vorausging, eine Erzählung zu schreiben, die den Titel *»L'Ordalie«* hätte tragen sollen. Von dem Manuskript dieser damals als mißlungen betrachteten und deshalb alsbald vernichteten Erzählung hatten sich, unbeachteterweise, die beiden letzten Kapitel erhalten, die Bonnefoy nun, mit vier Radierungen von Claude Garache und mit einer erläuternden Nachbemerkung, zum Druck beförderte.

In dieser Erzählung stirbt der »Held« Jean Basilide an einer Wunde, die eine Frau namens Flore ihm durch einen Schuß aus einem Revolver zugefügt hat. Der Ort, an dem er stirbt, ist eine Orangerie, in deren Vestibül Anne, die den todwund fiebernden Jean dorthin gebracht hat, durch einen Schuß in die Stirne getötet wird; einen Schuß ebenfalls aus Flores Revolver in der Hand ihrer Freundin Cassandre. »Draußen war Mittag, die Sonne stand unbeweglich.«

In diesen *récit* hatten sich, schon vor seinem Abschluß, unter der Hand versartig gegliederte Sätze eingeschlichen, und diese begannen sich als selbständige Gedichte abzulösen, die Bonnefoy bald darauf in den seinen ersten Gedichtband einleitenden Zyklus *»Théâtre«* aufnahm. Wie der Name Cassandre, wie die Wunde und das vergossene Blut bleibt auch die Orangerie erhalten: *»exacte, nécessaire, et dépouillée de tout hasard, identique à l'Idée.* Wenn Sterben soviel heißt wie einen solchen Ort gewinnen, wo die Ordnung Wahrheit ist, dann bin ich bereits gestorben, dachte er.«

Jenseitig, dem Zufall der Zeitlichkeit entrückt, todlos, ist die

Orangerie das Gehäuse der letzten Ausgesetztheit. Douve hingegen, die immer aufs neue stirbt und wieder auflebt, ist Graben, Wasserlauf, Heide, Holz, Rinde, Fiber. Was sich in ihr manifestiert und durchsetzt, ist das Eine, nicht als unveränderliche Transzendenz, sondern als, durch den Tod hindurch, irdisch unaufhörlich sich erneuernde Lebensmacht, als selber eine Erde; Bewegung und Einhalt, Aufbruch, Tanz und Niederfahrt zur Unterwelt. Und hier begegnen wir denn auch der ersten *»pierre«* mit ihrer Inscriptio *»Hic est locus patriae«*; und ebenso den »Stimmen«, die neben den »Steinen« alle drei Bände durchziehen. Wissen wir, wer unter diesen Steinen liegt und dem Wanderer Auskunft gibt über das, was er war? Selbst wenn sie ihren Namen nennen, bleiben sie Unbekannte, ebenso wie die Stimmen, weibliche zumeist, die man sich als einen Chor denken darf – als Liebende? als Musen? als fort und fort sich verwandelnde Stimme Douves?: *»Écoute-moi revivre* ... Hör mich leben wieder, ich leite dich / in den Garten Gegenwart ... bewohnbar dir in der neuen Liebe.«

Mehr noch als der erste Gedichtband, in dem der junge Dichter durch die heftigsten Widersprüche hindurch sich seiner selbst vergewissert, ist der zweite Gedichtband das Zeugnis einer sehr persönlichen Krise, von deren näheren Umständen kein Wort verlautet und die durch eine neue Liebe stufenweise überwunden wird. Unüberhörbar melden sich auch hier wieder mahnende, warnende Stimmen; Stimmen des Vorwurfs auch und der Verdächtigung, denen erst ein anderer Tag den Dichter entrückt. Ein Zweiter Tag an einem anderen, einem geheiligten Ort.

Der dritte Gedichtband »erzählt« dann die Geschichte einer Genesung, und die Verse der ihn abschließenden *»ars poetica«* statten dafür den Dank ab. Neunzehn Gedichte, die später in überarbeiteter Gestalt in diesen Gedichtband Aufnahme finden sollten, waren bereits 1958 mit Schieferdrucken von Raoul Ubac erschienen.

1963 erwarb Yves Bonnefoy eine verfallene Abtei in der Haute-Provence, wo die Gedichte des dritten Teiles dieses Gedichtbandes, vor allem *»Un feu va devant nous«*, entstanden. Und 1972 wurde ihm eine Tochter geboren. Diese beiden Ereignisse – das Haus an seinem Ort, das Kind zwischen den beiden Liebenden – markieren eine neue Epoche, als deren Ergebnis 1975 die sieben Gesänge der Dichtung *»Dans le leurre du seuil«* erscheinen sollten.

Begreiflicherweise haben Yves Bonnefoys Gedichtbücher mehr als einen Ausleger gefunden, der als aufmerksamer Leser des Gesamtwerks mancher verborgenen Ader nachgespürt hat. Die Schwierigkeit jedoch bleibt, daß die Erhellungen nur zählen und fortwirken, wenn die Verschattungen im Durchgang nicht zerstreut werden, sondern als sinnstiftende erhalten bleiben. Bonnefoys eigene nachträgliche Erklärungen sollte man als Hilfe nicht verschmähen, aber ihnen als einem Ariadnefaden folgend läuft man Gefahr, sich die Orakel des Unbewußten allzu einseitig auszulegen.

Bei allem Mißtrauen, nicht nur gegen Begriffe, sondern, über diese hinaus, gegen Zeichen, Bilder als in der Sprache sich verfestigende handliche Marken und Vorwände, die uns das Wirkliche verstellen, bedient Bonnefoy sich dennoch unausgesetzt gewisser immer wiederkehrender, ihn zutiefst betreffender Zeichen, Symbole, Allegorien, Embleme, oder wie immer man dies nennen mag; die nun allerdings, indem sie angerufen im Durchgang ständig aufeinander verweisen, als einzelne nicht auf Bedeutungen festzulegen sind, sondern im Rekurs darauf, wie der Dichter sie sinnlich erfahren hat, einen Weg bezeichnen, in den hinein das Zeichen sich aufhebt.

Bilder, Zeichen, Wörter – ja, nur im Durchgang wollen sie jeweils gelten. Ihre Bedeutungen verfärben, verschieben sich von Vers zu Vers, von Gedicht zu Gedicht, von Zyklus zu Zyklus; nicht, weil sie nun etwas anderes sagen, sondern indem sie es anders sagen, in anderer Nachbarschaft, auf etwas anderes hin unterwegs. Wie ein Fluß einen Nachen von Ufer zu Ufer dahinträgt. Wie ein Gesicht unter dem Laubdach eines Baumes im wechselnden Licht- und Schattenspiel immer anders und von anderem zu uns spricht.

»In Bildern besteht der ganze Schatz menschlicher Erkenntnis«, lautet der erste Satz in Hamanns *»Aesthetica in nuce«*. Erkenntnis, wohlgemerkt; der Satz geht jedoch weiter: »... der ganze Schatz menschlicher Erkenntnis und Glückseligkeit.« Was nur unter der Voraussetzung gilt, daß es dem Menschen gelingt, jeder Verführung zur dogmatischen Fixierung und Verhärtung zu widerstehen, indem er, dem Rauhen, dem Harschen, dem Widerspruch und Widerstand sich aussetzend, die Erde Schritt für Schritt nach einem Grund abtastet.

In einem offenen Brief an Howard L. Nostrand vom 10. September 1963 (abgedruckt in: Richard Vernier, *»Yves Bonnefoy ou les mots comme le ciel«*, Tübingen / Paris 1985, S. 107 ff.), ein Jahr vor der Veröffentlichung seines dritten Gedichtbandes, hat Yves Bonnefoy, nach den »Themen seines Werkes« befragt, sich veranlaßt gesehen, wenn auch nicht ohne Bedenken und eher von der Seite her, sich über gewisse »aktive Wörter«, gewisse obsessionelle Dämonen oder Engel, etwas ausführlicher zu äußern. »Ein Dichter hat keine Themen, sondern Wörter. Ein bevorrechtetes Vokabular, in dem jedes Wort nicht nur von einer sinnlichen, sondern darüber hinaus von einer wahrhaft heilenden und erlösenden Erfahrung zeugt.« Zu den wichtigsten dieser Vokabeln seien aus diesem offenen Brief, in geraffter Form und unbeholfen genug, einige Erläuterungen übernommen.

STEIN UND EISEN. – Als Kind verbrachte Yves Bonnefoy die Sommerferien häufig bei seinen Großeltern in der verkarsteten Landschaft der Causses. Das graue Kalkgestein dieser Hochflächen mit ihren tief eingeschnittenen Tälern und

Schluchten blieb ihm zeitlebens der Garant einer substantielleren Wirklichkeit. Unfern des Hauses, wo die Großeltern lebten, erblickte man durch Bäume hindurch eine eiserne Brücke, die über einen Fluß führte. – Auch das Eisen, etwa das einer Pflugschar, galt ihm als Chiffre; deren Bedeutung durch den Rost noch erhöht wurde. – In dem mittelalterlichen Artusroman *»La Queste du Saint Graal«* treibt auf dem Fluß vor dem Schloß des Königs ein Fels vorüber, in dem ein Schwert steckt. Nur Galaad, dem es vergönnt sein wird, die Geheimnisse des Grals zu schauen, gelingt es, dieses Schwert herauszureißen.

TISCH UND FEUER. – Das Wort *table* ist für Bonnefoy in der Nähe der Worte *pierre* und *feu* angesiedelt. Es ruft einerseits die Vorstellung der Hochfläche eines Tafellandes und andererseits die eines Altarsteines hervor, auf dem man ein Feuer der Anbetung entzündet. »Jeder Tisch bezeichnet für mich den möglichen Grund und Boden eines Glaubens, doch dieser Sinn ergab sich nicht mit einem Schlag, es bedurfte dessen, daß dieses Wort fürs erste in meinen Gedichten ein ebenso abgeschlossenes wie verstreutes rätselhaftes Dasein führte.« – Wie Douve ist auch das Feuer in Bonnefoys Gedichten ein widersprüchliches Zeichen, der Zerstörung ebenso wie der Verwandlung und schließlich gar des Lebendigen selber.

LAMPE. – Bonnefoy erinnert sich noch der alten Öl- oder Petroleumlampen, wie sie um 1930 bei seinen Großeltern in Gebrauch waren. »Das elektrische Licht ist ein Begriff, wie das rationale Denken verwandelt es das Wirkliche in eine Ansammlung von Objekten.« Auch der Lampen erinnert er sich, bei deren Schein er in altmodischen Provinzbibliotheken sich über vielleicht nicht minder altmodische Gedichte beugte, gute oder schlechte, deren jedes noch von einem aufmerksamen Hinhorchen auf den Rhythmus zeugte. Geht es, wie Bonnefoy uns zu versichern nicht müde wird, um die Rettung der Welt, und ist jeder von uns verpflichtet, das Seinige dazu beizutragen, so ist es in seinen Augen Verrat, wenn Dichtung, weil dem Dichter das Ohr für den Rhythmus abhanden kam, sich nicht mehr durch eine abgemessene Genauigkeit der in ihr verdichteten Zeit aus dem Chaos der unorganisch einander durchkreuzenden Zeitabläufe unserer heutigen Gesellschaft heraushebt. »Für mich ist die Poesie wie eine Lampe.«

Die Idee und die Orangerie. – Der höchste Grad des Wirklichen kommt für Bonnefoy dem Zufall, dem flüchtigen Augenblick, dem durch keine Form Verhärteten und in ihr Gefangenen zu, das jedoch als Einzelnes an seinem Ort den Rang eines Absoluten gewinnen kann. Als Emblem dieses »wahren Ortes« gilt ihm sehr früh schon – *»comme jardin des essences«* – die Orangerie; von der Sonne des Seins erhellt, eine *»demeure intelligible«*; ein Mythos, von dem Bonnefoy später selber gesteht, daß er ihn als eine Phantasmagorie durchschaut habe.

Erläuterungen

Das Motto des ersten Gedichtbandes *»Du mouvement et de l'immobilité de Douve«* bietet in leicht abgewandelter Gestalt ein Zitat aus der Vorrede (II, 3) zu Hegels *»Phänomenologie des Geistes«* in der Übersetzung von Jean Hyppolite (1939). – Das Motto des zweiten Gedichtbandes *»Hier régnant désert«* liefert einen fast gewaltsam gerafften Auszug aus einem Brief Hyperions an seinen Freund Bellarmin in Hölderlins *»Hyperion«* (I, 2, 16. Brief). – Bei dem Zitat aus Shakespeares *»Wintermärchen«*, das dem dritten Gedichtband *»Pierre écrite«* als Motto voransteht, handelt es sich um Worte des alten böhmischen Schäfers zu seinem Sohn Clown, nach dem Untergang des Schiffes, auf dem Antigonus die kleine Perdita aus Sizilien gebracht hat, nach dem Tod des Antigonus durch einen Bären und nach der Auffindung des ausgesetzten Kindes durch den alten Schäfer: »Du trafest Sterbende, ich ein neu Geborenes.« (III, 3)

Wer ist, was ist Douve? – Etwas früher als *»L'Ordalie«* ging der Entstehung des ersten Gedichtbandes eine andere, ebenfalls im Manuskript vernichtete Erzählung *»Rapport d'un agent secret«* voraus; eine der Figuren dieses *récit* trug den Namen Douve; eine andere hieß Ruine. Unüberhörbar für ein französisches Ohr ist in diesem Namen der Anklang an *douce* und *louve*, »sanft, süß« und »Wölfin«. Darüber hinaus reimt er auf den Namen des Dichters Pierre Jean Jouve, der, nachdem Yves Bonnefoy sich von den Surrealisten getrennt hatte, so etwas wie sein geistiger Vater war (und der sich freilich, wie vorher mit Pierre Emmanuel, auch mit ihm überwarf). Dem genauen Wortsinn nach bezeichnet *douve* den Wassergraben um ein Schloß, auch den Graben zwischen zwei Feldern, der dazu dient, das Wasser abzuleiten. Bei Bonnefoy ist Douve eine Ingestalt der Verwandlungen: Erde, Wasser, Heide, Wald, dürrer Fels und wuchernde Vegetation. Gelegentlich wird sie auch als Mänade evoziert, und eine heimliche Verwandtschaft zu manchen Gestalten in Ovids *»Metamorphosen«* ist nicht zu verkennen. Vor allem aber ist sie Einweihung in die Mysterien der Nacht und des Todes, Manifestation des Negativen, des Bruches, der Zerreißung und Zerstörung; weil es, um zur Erfahrung des Wirklichen zu gelangen, der Zersetzung, der Übertretung der Grenzen, der Sprengung der Sicherungen bedarf, in denen Eigensucht und Eigensinn uns immer aufs neue einschließen. Leitend und durch alle Anfechtungen fort und fort sich behauptend bleibt hier ein Aufbegehren gegen den formellen, den tabellarischen Verstand, der, nach Hegel, »das Konkrete, die Wirklichkeit und lebendige Bewegung« nicht kennt, ja »nicht einmal das Bedürfnis derselben« verspürt.

Du mouvement et de l'immobilité de Douve

Seite

30 *Le seul témoin* II – *»Elle fuit vers les saules«*

»Malo me Galatea petit, lasciva puella, / et fugit ad salices et se cupit ante videri.« – »Mit dem Apfel wirft Galatea nach mir, das lustige Mädchen, / und flieht zu den Weiden und will zuvor gesehen werden.« (Vergil, Bucolica III, 64 / 65; deutsche Übersetzung von F. Klingner)

»la table osirienne«

Anspielung auf Osiris, den zerstückelten und wiederauferstandenen Totengott und Herrscher der Unterwelt, dem nach dem ägyptischen Totenbuch jeder abgeschiedene Pharao, und später jeder Verstorbene, gleichgesetzt wurde.

76 *Hic est locus patriae*

Inschrift auf einem antiken Grabstein, die Chateaubriand in der römischen Campagna entdeckte und in einem Brief aus dem

Jahr 1803 erwähnt. Dieses Epitaph und die Grabepigramme in Buch VII der *»Anthologia graeca«* regten Yves Bonnefoy zu der in dem Band *»Pierre écrite«* verstreuten Folge von Grabinschriften an.

100 *Chapelle Brancacci*
Die Capella Brancacci mit ihren Fresken von Masolino und Massaccio gehört zu der Kirche Santa Maria del Carmine in Florenz.

Hier régnant désert

128 *A San Francesco, le soir*
Die dem heiligen Franz von Assisi gewidmete Kirche in Florenz.

148 *L'ordalie*
Das Ordal war im Mittelalter eine Art gerichtliches Verfahren, bei dem man die Entscheidung über Schuld oder Unschuld des Beklagten von dem Ausgang einer lebensgefährlichen Prüfung (Zweikampf, Feuer- oder Wasserprobe) abhängig machte. Sehr früh schon geht es Yves Bonnefoy um ein Ordal durch das Geschriebene, um eine Entscheidung im Jetzt und Hier, angesichts des Anderen: Wie erhebt man, die Entsinnlichung durch den Begriff übersteigend, die eigene Unsicherheit, Erschütterung, Verstörtheit zur Methode? Und wie verantwortet man, derart ausgesetzt, das, was man schreibt, statt zu fordern, daß man es dem Dichter als unverantwortliche Träume, als selbstbezügliche Wortspiele durchgehen läßt?

154 *Veneranda – »L'orante est seule ...«*
Anspielung auf ein Wandgemälde in den römischen Katakomben.

186 *A la voix de Kathleen Ferrier*
Die englische Sängerin Kathleen Mary Ferrier lebte von 1912 bis 1953. Von Bruno Walter entdeckt und geschult, sang sie Gustav Mahlers *»Kindertotenlieder«* und den weiblichen Part in dem *»Lied von der Erde«*. Yves Bonnefoy erinnert sich hier der Aufnahme dieser letzteren Komposition, und namentlich des sie abschließenden großen Abschiedsgesangs.

266 *Une pierre – »Aglaure s'est dressée«*
Aglauros, eine der drei in Athen verehrten Töchter des Kekrops, die auf Athenes Befehl von der Göttin des Neides in einen Stein verwandelt wird (*Ovid, »Metamorphosen«* II, 752 – 832).

272 *Une pierre – »Le livre de Porphyre«*
Porphyrios (234 – ca. 304), ein Anhänger des Plotin; schrieb eine Einleitung zu dessen *»Enneaden«*. In einer nur aus Zitaten bekannten Schrift sucht er den Nachweis zu erbringen, daß alle Götternamen sich auf den Sonnengott Helios beziehen.

278 *Sur un Éros de bronze*
In Abwandlung des Märchens von Amor und Psyche (in dem *»Goldenen Esel«* des Apuleius) weckt hier Eros mit seiner Lampe die in die trübe Nacht der Entsinnlichung versenkte Seele des Dichters.

282 *La chambre – »La robe rouge«*
Dieses »rote Kleid« bleibt ein Motiv in Bonnefoys Dichtung. In dem Prosabuch *»L'Arrière-pays«* von 1972 kehrt es wieder als das Purpurgewand der Tochter des Pharao auf Poussins *»Auffindung des Kindes Moses«*, von der Bonnefoy die beiden späteren Fassungen von 1647 und 1651 unter die Abbildungen dieses Bandes aufgenommen hat.

292 *Le sang, la note Si*
Die Note Si erklingt zweimal in dem letzten Vers des folgenden Gedichtes *»L'abeille, la couleur«: »Sur le si proche pré si brûlant encore.«*

316 *»Andiam, compagne belle …«*
Auffordernde Worte des Duca Ottavio an Donna Anna und Donna Elvira, die ihn maskiert begleiten, Don Giovannis Haus zu betreten, wo dieser ein abendliches Fest zugerüstet hat. – An Mozarts Musik erinnert schon ein Vers in dem Gedicht: *»L'écume, le récif«*: *»Vois, ce n'est plus Mozart qui lutte dans ton âme «* (S. 238).

322 *Le dialogue d'angoisse et de désir* II – *»Et je pense à Coré«*
Kore, das Mädchen, ist Persephone, Proserpina, die Tochter der Ceres, die Pluto, als sie auf einer Wiese Blumen pflückte, in die Unterwelt entführte. Als Ceres sie von ihrem Vater Juppiter zurückerbittet, gewährt er ihr dies, unter der Bedingung, daß die Entführte unter der Erde noch keine Speise zu sich genommen hat. Da sie dort jedoch bereits einen Granatapfel

abgebrochen und einige Kerne davon genossen hat, verordnet Jupiter, daß sie sechs Monate als Königin der Schatten bei ihrem Gemahl und sechs Monate wiederum bei ihrer Mutter bleiben soll.

332 *Sur une pietà de Tintoret*
Diese Pietà befindet sich in der Brera zu Mailand.

Inhalt

Du mouvement et de l'immobilité de Douve / Douve in Bewegung und regungslos

Théâtre / Theater

I	*Je te voyais courir … / Ich sah dich laufen …*	8 / 9
II	*L'été vieillissant … / Alternd der Sommer …*	8 / 9
III	*Il s'agissait d'un vent … / Dies aber war ein Wind …*	10 / 11
IV	*Je me réveille, il pleut / Ich erwache, es regnet*	10 / 11
V	*Le bras que l'on soulève … / Der Arm, den man hebt …*	12 / 13
VI	*Quelle pâleur … / Welche Bleichheit …*	12 / 13
VII	*Blessée confuse … / Verletzte, ins Laubwerk …*	14 / 15
VIII	*La musique saugrenue … / Klänge, verwunderliche …*	14 / 15
IX	*Blanche sous un plafond … / Weiße unter …*	16 / 17
X	*Je vois Douve étendue / Douve, ich sehe sie …*	16 / 17
XI	*Couverte de l'humus … / Von dem schweigenden …*	18 / 19
XII	*Je vois Douve étendue / Douve, ich sehe sie …*	18 / 19
XIII	*Ton visage ce soir … / Dein Gesicht heut abend …*	20 / 21
XIV	*Je vois Douve étendue / Douve, ich sehe sie …*	20 / 21
XV	*O douée d'un profil … / O ausgestattet du …*	22 / 23
XVI	*Demeure d'un feu … / Aufenthalt eines düsteren …*	22 / 23
XVII	*Le ravin pénètre … / Die Schlucht dringt …*	22 / 23
XVIII	*Présence exacte … / Da-Sein, genaues …*	24 / 25
XIX	*Au premier jour … / Freier reckt am ersten Tag …*	24 / 25

Derniers gestes / Letzte Gebärden

Aux arbres / An die Bäume 26 / 27

Que saisir sinon … / Was ergreifen außer dem … 28 / 29

Le seul témoin / Der einzige Zeuge

I	*Ayant livré sa tête … / Nachdem sie ihr Haupt …*	30 / 31
II	*Elle fuit vers les saules … / Sie flieht den Weiden zu …*	30 / 31
III	*Le peu d'espace … / Gering der Abstand …*	32 / 33
IV	*Es-tu vraiment morte … / Bist du in Wahrheit tot …*	32 / 33
V	*Où maintenant est le cerf … / Wo ist der Hirsch jetzt …*	34 / 35

VI *Sur un fangeux hiver …* / *Schlammig der Winter …* 34 / 35
Vrai nom / Wahrer Name 36 / 37
La lumière profonde … / *Um zu erscheinen …* 38 / 39
Phénix / Phönix 40 / 41
Cette pierre ouverte … / *Dieser offene Stein …* 42 / 43
Vrai corps / Wahrer Leib 44 / 45
Art poétique / Ars poetica 46 / 47

Douve parle / Douve spricht

Quelle parole … / *Was für ein Wort …* 48 / 49
Une voix / Eine Stimme 50 / 51
Une autre voix / Eine andere Stimme 52 / 53
Si cette nuit … / *Wenn diese Nacht …* 54 / 55
Douve parle / Douve spricht
I *Quelquefois, disais-tu …* / *Manchmal, sagtest du …* 56 / 57
II *O fatale saison …* / *O schlimme Jahreszeit …* 56 / 57
III *Que le verbe s'éteigne …* / *Das Wort erlösche …* 58 / 59
Demande au maître … / *Frage den Herrn …* 60 / 61
Une voix / Eine Stimme 62 / 63
Demande pour tes yeux … / *Für deine Augen erbitte …* 64 / 65
Une voix / Eine Stimme 66 / 67
Voix basses et Phénix / Leise Stimmen und Phönix 68 / 69
Mais que se taise celle … / *Sie aber schweige, jene …* 70 / 71
Tais-toi puisqu'aussi … / *Schweige, denn auch wir …* 72 / 73

L'orangerie / Die Orangerie

Ainsi marcherons-nous … / *So werden wir …* 74 / 75
Hic est locus patriae / Hic est locus patriae 76 / 77
Le lieu était désert … / *Verlassen war die Stätte …* 78 / 79
La salamandre / Der Salamander
I *Et maintenant …* / *Und jetzt …* 80 / 81
II *Toute une nuit …* / *Eine ganze Nacht lang …* 80 / 81
III *»Regarde-moi …* / *»Schau mich an …* 82 / 83
IV *Ainsi restions-nous …* / *So blieben wir …* 82 / 83
Quand reparut … / *Als der Salamander wieder erschien …* 84 / 85
Cassandre, dira-t-il … / *Kassandra, wird er sprechen …* 86 / 87
Justice / Gerechtigkeit 88 / 89
Je prendrai dans mes mains … / *Ich werde dein totes Gesicht …* 90 / 91
L'orangerie … / *Die Orangerie …* 92 / 93

Vérité / Wahrheit 94 / 95
Tu as pris une lampe … / Du nahmst eine Lampe … 96 / 97

Vrai lieu / Wahrer Ort

Qu'une place soit faite … / Sei dem ein Platz bereitet … 98 / 99
Chapelle Brancacci / Capella Brancacci 100 / 101
Lieu du combat / Ort des Kampfes
I *Voici défait le chevalier … / Da, sieh den Trauerritter …* 102 / 103
II *Mais pleure-t-il sur … / Doch weint er …* 104 / 105
Lieu de la salamandre / Ort des Salamanders 106 / 107
Vrai lieu du cerf / Wahrer Ort des Hirsches 108 / 109
Le jour franchit le soir … / Tag überwindet den Abend … 110 / 111

Hier régnant désert / Herrschaft des Gestern: Wüste

Menaces du témoin / Drohungen des Zeugen

Menaces du témoin / Drohungen des Zeugen
I *Que voulais-tu dresser … / Was wolltest du errichten …* 114 / 115
II *Vois, déjà tous chemins … / Sieh, schon verschließen …* 114 / 115
III *Tu cesses de venir … / Du kommst nicht mehr …* 116 / 117
IV *Tu es seul maintenant … / Du bist allein jetzt …* 116 / 117
V *Le vent se tait … / Der Wind verstummt …* 118 / 119
Le bruit des voix / Das Brausen der Stimmen 120 / 121
Rive d'une autre mort / Ufer eines anderen Todes
I *L'oiseau qui s'est dépris … / Der Vogel, der Phönix …* 122 / 123
II *L'oiseau se défera … / Auflösen wird der Vogel …* 124 / 125
III *Le sable est au début … / Sand ist am Anfang …* 126 / 127
A San Francesco, le soir / In San Francesco, abends 128 / 129
Le bel été / Der schöne Sommer 130 / 131
Souvent dans le silence … / Oft in der Stille … 132 / 133
A une pauvreté / Einer Armut 134 / 135

Le visage mortel / Das sterbliche Antlitz

Le jour se penche … / Der Tag neigt über den Strom … 136 / 137
Il y a que la lampe … / Aber schwach nur brannte … 138 / 139
Le pont de fer / Der eiserne Steg 140 / 141
Les guetteurs / Die Späher
I *Il y avait un couloir … / Es war da ein Gang …* 142 / 143
II *J'attendais … / Ich wartete, ich hatte Angst vor ihr …* 144 / 145
La beauté / Die Schönheit 146 / 147
L'ordalie / Das Ordal
I *J'étais celui qui marche … / Ich war der Wandernde …* 148 / 149
II *Je ne sais pas … / Ich weiß nicht, ob ich Sieger bin* 150 / 151
L'imperfection est la cime / Das Unvollkommene … 152 / 153
Veneranda / Veneranda 154 / 155
Une voix / Eine Stimme 156 / 157
Veneranda / Veneranda
I *Il vient, il est le geste … / Er kommt, er ist Gebärde …* 158 / 159
II *Il se penche / Er neigt sich* 158 / 159
III *Il vient, et c'est vieillir / Er kommt, und dies heißt …* 160 / 161
Une voix / Eine Stimme 162 / 163
Veneranda / Veneranda 164 / 165
Toute la nuit / Die ganze Nacht 166 / 167
Tu te coucheras sur la terre … / Du wirst dich betten … 168 / 169
La mémoire / Die Erinnerung 170 / 171

Le chant de sauvegarde / Lied der Schirmung

Que l'oiseau se déchire … / Der Vogel zerreiße … 172 / 173
L'oiseau m'a appelé … / Der Vogel rief mich … 174 / 175
Le feuillage éclairé / Erhelltes Laubwerk
I *Dis-tu qu'il se tenait … / Sprachst du, er weile …* 176 / 177
II *La voix était d'ironie … / Die Stimme sang …* 178 / 179
III *Mais dans les arbres … / In den Bäumen aber …* 178 / 179
IV *Il est la terre … / Er ist die Erde …* 180 / 181
L'infirmité du feu / Die Hinfälligkeit des Feuers 182 / 183
Tu entendras … / Hören wirst du … 184 / 185
A la voix de Kathleen Ferrier / Auf die Stimme … 186 / 187
Terre du petit jour / Erde der ersten Frühe 188 / 189
Le ravin / Die Schlucht 190 / 191
L'éternité du feu / Die Ewigkeit des Feuers 192 / 193
Tu sauras qu'un oiseau … / Wissen wirst du, daß ein Vogel … 194 / 195

A une terre d'aube / Einer Frühlicht-Erde

Aube, fille des larmes … / Dämmerung, Tochter der Tränen … 196 / 197
Une voix / Eine Stimme 198 / 199
Veneranda / Veneranda 200 / 201
Bien des astres ont franchi … / Manches Gestirn überstieg … 202 / 203
Apaisé maintenant … / Besänftigt nun … 204 / 205
Le pays découvert / Das Land, das wir entdeckten 206 / 207
Delphes du second jour / Delphi des Zweiten Tages 208 / 209
Ici, toujours ici / Hier, immer hier 210 / 211
La voix de ce qui a détruit … / Stimme derer, die uns verdarb … 212 / 213
La même voix, toujours / Die gleiche Stimme, immer 214 / 215
L'oiseau des ruines / Der Vogel in den Trümmern 216 / 217

Pierre écrite / Beschriebener Stein

L'été de nuit / Der Sommer nächtens

L'été de nuit / Der Sommer nächtens
I *Il me semble, ce soir … / Mir ist, heute abend …* 220 / 221
II *Navire d'un été … / Schiff eines Sommers …* 222 / 223
III *Le mouvement … / Die Bewegung …* 224 / 225
IV *Terre comme gréée … / Erde, aufgetakelt gleichsam …* 226 / 227
V *Voici presque … / Dies jetzt ist fast …* 226 / 227
VI *Longtemps ce fut l'été / Lang war der Sommer* 228 / 229
VII *N'avions-nous pas l'été … / War uns nicht …* 228 / 229
VIII *Mais ton épaule se déchire … / Doch deine Schulter …* 230 / 231
IX *Eaux du dormeur … / Gewässer des Schläfers …* 230 / 231
Une pierre / Ein Stein 232 / 233
Le jardin / Der Garten 234 / 235
Dans ses coffres le rêve … / In seinen Truhen … 236 / 237
L'écume, le récif / Der Schaum, das Riff 238 / 239
La lampe, le dormeur / Die Lampe, der Schläfer
I *Je ne savais dormir … / Schlaf fand ich keinen …* 240 / 241
II *– Je me penchais … / – Ich beugte mich über dich …* 242 / 243
Bouche, tu auras bu … / Getrunken haben wirst du … 244 / 245
Une pierre / Ein Stein 246 / 247

Pierre écrite / Beschriebener Stein

Prestige, disais-tu … / Von unsrer Lampe, sagtest du … 248 / 249
Une pierre / Ein Stein 250 / 251
Le lieu des morts / Die Stätte der Toten 252 / 253
Une pierre / Ein Stein 254 / 255
Le lieu des morts / Die Stätte der Toten 256 / 257
Une pierre / Ein Stein 258 / 259
Une pierre / Ein Stein 260 / 261
Une pierre / Ein Stein 262 / 263
Jean et Jeanne / Hans und Hanne 264 / 265
Une pierre / Ein Stein 266 / 267
Une pierre / Ein Stein 268 / 269
Une pierre / Ein Stein 270 / 271
Une pierre / Ein Stein 272 / 273
Une pierre / Ein Stein 274 / 275
La face la plus sombre … / Das finsterste Gesicht … 276 / 277
Sur un Éros de bronze / Auf einen Bronze-Eros 278 / 279
Une voix / Eine Stimme 280 / 281

Un feu va devant nous / Ein Feuer wandert uns voraus

La chambre / Das Zimmer 282 / 283
L'épaule / Die Schulter 284 / 285
L'arbre, la lampe / Der Baum, die Lampe 286 / 287
Les chemins / Die Wege 288 / 289
Le myrte / Die Myrte 290 / 291
Le sang, la note si / Das Blut, die Note Si 292 / 293
L'abeille, la couleur / Die Biene, die Farbe 294 / 295
Le soir / Der Abend 296 / 297
La lumière du soir / Das Abendlicht 298 / 299
La patience, le ciel / Die Geduld, der Himmel 300 / 301
Une voix / Eine Stimme 302 / 303
Une pierre / Ein Stein 304 / 305
La lumière, changée / Das Licht, verändert 306 / 307
Une pierre / Ein Stein 308 / 309
Une pierre / Ein Stein 310 / 311
Le cœur, l'eau … / Das Herz, das ungetrübte Wasser 312 / 313
La parole du soir / Das Wort des Abends 314 / 315
»Andiam, compagne …« / »Andiam, compagne …« 316 / 317
Le livre, pour vieillir / Das Buch, um zu altern 318 / 319

Le dialogue d'angoisse et de désir / Zwiesprache in Angst und Verlangen

I *J'imagine souvent … / Oft in Gedanken seh ich …* 320 / 321

II *Et je pense à Coré … / Und Kore denkt mir …* 322 / 323

III *Oui, c'est cela / Ja, das ists* 324 / 325

IV *Et toi … / Und du …* 326 / 327

V *Imagine qu'un soir … / Denk: eines Abends …* 328 / 329

VI *O de ton aile de terre … / O mit deinem irdischen …* 330 / 331

Sur une pietà de Tintoret / Auf eine Pietà des Tintoretto 332 / 333

Une voix / Eine Stimme 334 / 335

Art de la poésie / Ars poetica 336 / 337

Nachwort 339

Erläuterungen 346

Folgende Bände von Yves Bonnefoy liegen in deutscher Übertragung von Friedhelm Kemp vor:

»Rue Traversière« (Frankfurt / Main, Suhrkamp 1980)
»Im Trug der Schwelle«, Gedichte (Stuttgart, Klett-Cotta 1984)
»Berichte im Traum« (Stuttgart, Klett-Cotta 1990)
»Was noch im Dunkel blieb / Beginn und Ende des Schnees«, Gedichte (Stuttgart, Klett-Cotta 1994)
»Wandernde Wege« (München, Hanser 1997)
»Die gebogenen Planken«, Gedichte (Stuttgart, Klett-Cotta (2004).

Außerdem erschienen die Essaybände »Das Unwahrscheinliche oder die Kunst«, übersetzt von Patricia Oster (München, Fink 1994), und »Die rote Wolke«, übersetzt von Michael von Killisch-Horn (München, Fink 1998).